PASOS

a first course in

1

S P A N I S H

ACTIVITY BOOK

Rosa María Martín

Martyn Ellis

Hodder & Stoughton

A MEMBER OF THE HODDER HEADLINE GROUP

Contents

1

¿Quién eres?

WITHDRAWN

Sección A *Actividades*

1 Une las palabras de las listas A y B (pon ¿ . . . ? si es necesario).

Lista A		Lista B	
1	Buenos	a	tal
2	Cómo se	b	noches
3	Mucho	c	llama
4	Qué	d	días
5	Me	e	llamas
6	Buenas	f	llamo
7	Cómo te	g	gusto

2 Pon en orden el diálogo.

a   Me llamo María.
b   Buenas noches.
c   Mucho gusto, José.
d   Adiós, María.
e   Hola. ¿Cómo te llamas?
f   Me llamo José, ¿y tú?
g   Adiós.
h   Mucho gusto.

3 Lee las frases. ¿Formal o informal?

1   ¿Y tú?
2   ¿Cómo se llama?
3   Hola.
4   ¿Qué tal?
5   Buenos días.
6   Mucho gusto.
7   ¿Cómo te llamas?
8   ¿Y usted?

Sección A *Gramática*

¡Atención!

Masculino: Buenos	**Femenino:** Buenas	
me llamo	te llamas	se llama

Ejercicios

1 Completa las expresiones.

1   .... días.

2   .... noches.

3   .... tardes.

2 Completa las frases.

A   ¿Cómo te .... ?

B   Me .... Pedro, ¿y usted? ¿Cómo se .... ?

A   Me .... Juan García.

3 Completa las frases.

1   .... llamo Juan.

2   Y tú, ¿cómo .... llamas?

3   Y usted, ¿cómo .... llama?

Sección A *Ampliación*

Vocabulario para la clase.

Usa el diccionario, si es necesario.

un ordenador
un libro
un cuaderno
un lapicero
papel
un bolígrafo
una pluma

Sección B *Actividades*

1 Une los trabajos con el dibujo
correspondiente.

1 **ENFERMERO/A**

2 **CAMARERO/A**

3 **PROFESOR(A)**

4 **FONTANERO/A**

5 **RECEPCIONISTA**

6 **TELEFONISTA**

7 **ELECTRICISTA**

8 **MECÁNICO/A**

9 **POLICÍA**

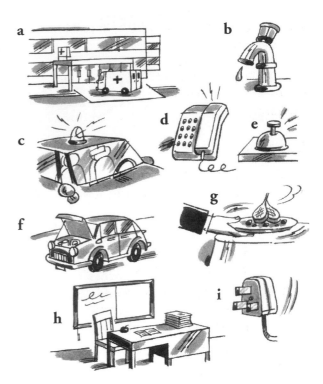

2 Relaciona las frases de la lista A con las de
la lista B.

Ejemplo: **1** *Soy* = **d** *Me llamo*

Lista A	Lista B
1 Soy	a ¿Cuál es su nombre?
2 ¿Qué eres?	b ¿Cuál es tu nombre?
3 ¿Qué es usted?	c ¿Cuál es su profesión?
4 ¿Cómo te llamas?	d Me llamo
5 ¿Cómo se llama?	e ¿Cuál es tu profesión?

3 Completa el diálogo. Elige la palabra adecuada.

ingeniero	directora	es	llama
llama	llamo	qué	señor
señora	soy		

En una conferencia

PÉREZ   Buenas tardes, soy el **1** .... Pérez. ¿**2** .... usted la señorita Martín?

LUISA   No, **3** .... la secretaria de la **4** .... Martín. Me **5** .... Luisa Martínez.

PÉREZ   Mucho gusto. ¿La señorita Martín es la **6** .... de la empresa PRADOSA?

LUISA   Sí, señor. Y usted, ¿**7** .... es?

PÉREZ   Soy **8** ....

LUISA   ¿Y cómo se **9** .... su empresa?

PÉREZ   Mi empresa se **10** .... CISA.

Sección B *Gramática*

¡Atención!

Masculino/femenino

-o ➜ -a	camarero ➜ camarera
-e ➜ -e	estudiante ➜ estudiante

consonante ➜ consonante + -a

                           profesor ➜ profesora

(yo) soy
(tú) eres
(él/ella/usted) es

Ejercicios

1 Indica: **masculino, femenino** o **masculino** y **femenino**.

1	estudiante	6	mecánico
2	profesora	7	ingeniero
3	periodista	8	camarera
4	enfermero	9	director
5	policía	10	recepcionista

2 Forma el masculino de estas profesiones.

1   secretaria   ....

2   arquitecta   ....

3   recepcionista   ....

4   directora   ....

5   médica   ....

6   pintora   ....

7   escritora   ....

8   periodista   ....

3 Elige: **soy, eres** o **es**.

1   Yo .... profesora.

2   Juan .... médico.

3   Tú .... profesor.

4   María .... camarera.

5   Usted .... electricista.

6   Me llamo Pedro. .... estudiante.

7   A: ¿Qué eres? B: .... mecánico.

8   ¿ .... usted policía?

9   Y tú, ¿qué .... ?

10   Francisco .... pintor.

Sección B *Ampliación*

Las asignaturas.

Usa el diccionario, si es necesario.

Ciencias   Biología   Inglés
Matemáticas   Arte   Economía
Geografía   Historia   Lengua

Sección C *Actividades*

1 Escribe la nacionalidad que corresponde a cada país (en masculino).

1   Colombia   *colombiano*

2   Argentina   ....

3   España   ....

4   Brasil   ....

5   Francia   ....

6   Italia   ....

7   Alemania   ....

8   Escocia   ....

9   Inglaterra   ....

10 Estados Unidos ....

2 Escribe las palabras del cuadro en la lista correcta: escribe el nombre del país con mayúscula e indica **f** o **m** (femenino o masculino) para cada nacionalidad.

Nacionalidad   País

española (f)   *España*

....

....

....

....

....
....
....
....
....

turca	uruguay	turquía
paraguay	paraguayo	uruguayo
griego	chileno	mexicano
alemana	méxico	española
egipcio	grecia	egipto
ecuatoriano	ecuador	chile
galés	alemania	españa
gales	guatemalteco	guatemala

3 Mira el mapa con los países de Latinoamérica. Coloca los nombres de cada país en el mapa.

Argentina	Bolivia	Brasil
Chile	Colombia	Costa Rica
Cuba	Ecuador	El Salvador
Guatemala	Honduras	México
Nicaragua	Panamá	Paraguay
Perú	Puerto Rico	Venezuela
República Dominicana		Uruguay

Sección C *Gramática*

¡Atención!

(yo) soy

(tú) eres

(él/ella/usted) es

ser + de: Él **es de** Argentina.

Masculino/femenino (de nacionalidades):

español + a = español**a**

colombiano ➜ a = colombian**a**

inglés + a = ingles**a** (sin acento)

Ejercicios

1 Mira las nacionalidades y escribe las terminaciones en masculino y femenino.

masculino	femenino
1 irland...........	irland ....
2 español...........	....
3 italian...........	....
4 portugu...........	....

5 cub........... ....

6 estadounid........... ....

7 colomb........... ....

8 guatemal........... ....

9 ecuator........... ....

10 venez........... ....

2 Completa las frases.

1 Juan .... Madrid.

2 Pedro .... argentino.

3 Yo .... español.

4 Y tú, ¿ .... Barcelona?

5 Yo .... Bogotá.

6 ¡Hola Juan! ¿ .... Venezuela?

7 María .... guatemalteca.

8 Me llamo Javier. .... mexicano.

3 Completa el diálogo.

JUAN Alex, ¿de dónde 1 .... ?

ALEX 2 .... español, ¿y tú? ¿de dónde 3 .... ?

JUAN 4 .... colombiano.

ALEX ¿De dónde 5 .... María?

JUAN María 6 .... argentina, 7 .... de Buenos Aires.

Sección C *Ampliación*

En España se hablan cuatro idiomas: castellano (español), en toda España, catalán en Cataluña, euskera en Euskadi, y gallego en Galicia. Estudia el mapa de las comunidades autónomas.

2 Contesta las preguntas con frases completas. Inventa si quieres.

¿Cuántos hermanos tienes?

Ejemplo:
Tengo un hermano.

1 ¿Tienes hermanos/hermanas?

....

2 ¿Cuántos hermanos tienes?

....

3 ¿Cuántas hermanas tienes?

....

4 ¿Cómo se llama tu hermano/tu hermana?

....

5 ¿Tienes hijos/hijas?

....

6 ¿Cuántos hijos/hijas tienes?

....

7 ¿Cómo se llama tu hijo/hija?

....

8 ¿Cómo se llama tu padre?

....

Sección D *Actividades*

1 Completa las frases.

1 El hijo de mi padre es mi ....

2 La madre de mi hijo es mi ....

3 La hija de mi madre es mi ....

4 La mujer de mi padre es mi ....

5 El hijo de mi mujer es mi ....

6 El marido de mi madre es mi ....

7 El padre de mi hijo es mi ....

8 El hermano de mi hija es mi ....

3 Escribe las preguntas para las frases.

1 ¿ .... ?
Mi madre se llama Ana.

2 ¿ .... ?
Tengo dos hijos y una hija.

3 ¿ .... ?
El marido de Marta se llama Juan.

4 ¿ .... ?
Sí, tengo un hermano.

5 ¿ .... ?
Mi padre se llama Juan.

6 ¿ .... ?
Tengo madre, pero no tengo padre.

Sección D *Gramática*

¡Atención!

Masculino -o	**Femenino** -a
herman**o**	herman**a**

Excepciones:	madre/padre
	marido/mujer

Posesivos: **mi, tu**, el padre **de** Ana

(yo) tengo, (tú) tienes

artículo: el/la

plural -s

Nota: hermano + hermana = hermanos; padre + madre = padres

Ejercicios

1 Escribe el masculino de estas palabras.

1 la hermana ....

2 la madre ....

3 la hija ....

2 Escribe el plural de estas palabras.

1 el hermano ....

2 la hija ....

3 el marido ....

4 el padre ....

5 la madre ....

6 el padre y la madre ....

7 el hermano y la hermana ....

3 Completa los diálogos.

1

A Y tú, ¿ .... hermanos?

B Sí, ... un hermano y una hermana.

A ¿Cómo se llama .... hermano?

2

C ¿Cuántos hermanos .... Luis?

D Luis .... un hermano y una hermana.

C ¿Cómo se llama el hermano .... Luis?

D El hermano .... Luis se llama Pedro.

3

E Juan, ¿ .... hermana se llama Cristina?

F No, ... hermana se llama Alicia. Cristina es la hermana .... María.

Sección D *Ampliación*

Otros miembros de la familia.

Usa el diccionario, si es necesario.

el abuelo/la abuela
el nieto/la nieta
el tío/la tía
el sobrino/la sobrina
el primo/la prima
el cuñado/la cuñada
el yerno/la nuera

Repaso de toda la lección

1 Más gramática

Ver página 48 en Lección 7.

2 Leer

Lee la 'Carta de amistad' de una revista. Lee las frases y contesta las preguntas con frases completas.

Queridos amigos
¿Qué tal? Me llamo Carmen, soy colombiana, de Bogotá, y soy profesora. Tengo un hermano y una hermana. Mi hermano se llama Pepe y mi hermana se llama Marta. Tengo un hijo, pero no tengo marido. Mi hijo es español y se llama Antonio. ¿Y tú?
Un saludo,
Carmen

1   ¿De dónde es Carmen? ....

2   ¿De dónde es el hijo de Carmen? ....

3   ¿Cuál es la profesión de Carmen? ....

4   ¿Tiene marido? ....

5   ¿Cuántos hermanos tiene? ....

6   ¿Cómo se llama la hermana de Marta? ....

7   ¿Quién es Antonio? ....

8   ¿Quién es Pepe? ....

3 Escribir

Escribe una carta a un(a) amigo/a con tus datos personales y con los de tu familia. Usa la carta de la sección 'Leer', si es necesario.

Querido/a amigo/a:
¿Qué tal?

Rincón cultural

Los españoles tienen el nombre y dos apellidos. Por ejemplo: María Elena García Sánchez:
Nombre: María Elena
1er apellido: García
2° apellido: Sánchez.

García es el 1er apellido del padre y Sánchez es el 1er apellido de la madre.
Muchos apellidos españoles terminan en -ez (= hijo de). Por ejemplo: 'Martínez' viene de 'Martín' (= 'hijo de Martín') y 'Rodríguez' viene de 'Rodrigo'. Ejemplos son: Pérez, Martínez, Rodríguez, Hernández, González, López, etc.

Autoevaluación

Ya sabes decir en español . . .
tu nombre.
tu nacionalidad y ciudad.
tu profesión.

Sabes hablar y escribir de . . .
tu familia (nombres, profesiones, nacionalidades).

2

¿Qué quieres?

Secciones A y B *Actividades*

1 Une las palabras de las listas A y C. Usa las palabras de la Lista B si es necesario.

Ejemplo: *zumo de naranja*

	Lista A	Lista B	Lista C
1	zumo		queso
2	café		limón
3	patatas		jamón
4	agua	de	fritas
5	té	con	blanco
6	tortilla	sin	naranja
7	bocadillo		leche
8	empanadillas		gas
9	vino		patata

2 Escribe estas bebidas y comidas en la lista correcta del menú.

agua	zumo	tortilla	jamón
cerveza	olivas	pan	café
bocadillos	té	calamares	vino
hamburguesa	cortado	patatas fritas	leche

** *Menú* **

Comidas . . . .

Comidas vegetarianas . . . .

Bebidas . . . .

Bebidas alcohólicas . . . .

3 En el bar. Completa el diálogo. Usa el menú de Actividad 2.

CAMARERO Buenos días. ¿Qué quiere comer?

TÚ 1 ....

CAMARERO ¿Quiere algo más?

TÚ 2 ¿...

CAMARERO Hay bocadillos, patatas fritas, jamón, tortilla . . .

TÚ 3 ¿...

CAMARERO No, no hay tortilla de jamón.

TÚ 4 ¿...

CAMARERO Sí, hay tortilla de patata.

TÚ 5 ....

CAMARERO ¿Para beber?

TÚ 6 ....

CAMARERO ¿Algo más?

TÚ 7 .... ¿ .... ?

CAMARERO 6 euros.

Secciones A y B *Gramática*

¡Atención!

quiero/quieres

hay + singular (hay café)
+ plural (hay olivas)

Artículos: determinado/definido: **el/la/los/las**
indeterminado/indefinido:
un/una/unos/unas

Nota: muchas veces no usamos el artículo. Mira los ejemplos:

Quiero un zumo de naranja.

No quiero el zumo de naranja, quiero el zumo de limón. No quiero zumo. No hay zumo. Quiero un bocadillo. Quiero el bocadillo de queso. ¿Hay bocadillos?

Ejercicios

1 a   Escribe el artículo definido:
el/la/los/las.

1 .... jamón

2 .... agua mineral

3 .... calamares

4 .... tortilla

5 .... olivas

6 .... hamburguesas

7 .... chocolate

8 .... bocadillos

9 .... cerveza

b   Escribe el artículo indefinido:
un/una/unos/unas.

1 .... zumo

2 .... empanadillas

3 .... café solo

4 .... tortilla de jamón

5 .... naranjas

6 .... bocadillos de queso

7 .... pizza

8 .... té con leche

2 Completa la conversación con el artículo definido (**el/la/los/las**) o el indefinido (**un/una/unos/unas**) o sin artículo.

ANA   ¿Quieres **1** .... empanadillas?

MIGUEL   No quiero **2** .... empanadillas, quiero **3** .... patatas fritas. Quiero **4** .... paquete de patatas fritas.

CRISTINA   Yo quiero **5** .... queso. **6** .... patatas fritas son para Juan. Juan quiere **7** .... bocadillo de queso.

JUAN   No quiero **8** .... bocadillo de queso, quiero **9** .... bocadillo de jamón.

ANA   Yo quiero **10** .... vino.

MIGUEL   ¿Qué vino quieres, **11** .... vino blanco o **12** .... vino tinto?

ANA   **13** .... vino tinto.

CRISTINA   ¿Hay **14** .... olivas?

JUAN   No, no hay. ¿Quieres **15** .... cerveza?

CRISTINA   No, quiero **16** .... café solo. ¿Hay **17** .... hamburguesas?

ANA   No hay **18** .... hamburguesas, hay **19** .... tortilla de patata.

3 Completa el diálogo con **quiero/quieres/hay**.

A   ¿**1** .... un bocadillo?

B   Sí, gracias, ¿qué bocadillos **2** .... ?

A   **3** .... bocadillos de jamón y de queso.

B   **4** .... un bocadillo de queso, por favor.

A   ¿**5** .... agua?

B   Sí, gracias. **6** .... agua mineral.

A   ¿**7** .... con gas o sin gas?

B   **8** .... agua con gas. ¿**9** .... cerveza?

A   No, no **10** .... cerveza. ¿**11** .... vino?

B   Sí, gracias, **12** .... vino.

A   ¿Qué vino **13** ...., blanco o tinto?

B   **14** .... vino blanco, por favor.

Secciones A y B *Ampliación*

En el restaurante: más comida y bebida.
¿Qué palabras reconoces? Usa el diccionario, si es necesario.

Primer plato: los espaguetis, los macarrones, la ensalada, la sopa.
Segundo plato: la lasaña, el pescado, las salchichas, el lomo.
Postre: el helado, la fruta, el flan.
Bebidas: el agua con gas, el agua sin gas, el refresco, el coñac, el ron, el jerez.

Secciones C y D *Actividades*

1 Una dieta completa. Clasifica las comidas y bebidas en la categoría correspondiente. Usa el diccionario si es necesario. (Sección C)

Hidratos de carbono	Grasas	Proteínas	Frutas
		pollo	

naranja	leche	pescado
ternera	manzana	chocolate
huevo	lechuga	mantequilla
patatas	coliflor	pan
champiñón	trucha	pollo
pastel	azúcar	pasta

2 Estudia el menú y completa el diálogo en un restaurante. (Secciones C y D)

** *Menú* **

Primer Plato
Ensalada mixta
Sopa de lentejas
Gazpacho

Segundo plato
Pollo asado
Pescado a la plancha
Salchichas

Postre
Helado
Melocotón en almíbar
Fruta del tiempo

Bebidas
Agua
Vino de la casa
Cerveza
Café
Té

CAMARERO ¿Qué va a tomar de primer plato?

CLIENTE 1 _____ .

CAMARERO ¿Y de segundo?

CLIENTE 2 _____ .

CAMARERO ¿Con patatas o con ensalada?

CLIENTE 3 _____ .

CAMARERO ¿Quiere postre?

CLIENTE ¿4 _____ ?

CAMARERO Hay naranja, manzana o pera.

CLIENTE 5 _____ .

CAMARERO Muy bien. ¿Toma café?

CLIENTE 6 _____ .

3 Une las preguntas de la lista A con las respuestas de la lista B. (Sección D)

Lista A	Lista B
1 ¿De dónde eres?	a Médico
2 ¿Qué quieres comer?	b Leche
3 ¿Dónde vives?	c De Madrid
4 ¿Cuál es tu profesión?	d En Málaga
5 ¿Qué quieres beber?	e Pescado

Secciones C y D *Gramática*

¡Atención!

el/la/los/las

vivir: vivo/vives/vive

Interrogativos:

¿**Dónde** vives?

¿**De dónde** eres?

¿**Quién** vive en . . . ?

¿**Cuál** es tu profesión?

Ejercicios

1 Escribe el artículo correspondiente con cada palabra.

1 _____ huevos

2 _____ azúcar

3 _____ lechugas

4 _____ salchichas

5 _____ pescado

6 _____ sopa

7 _____ cafés

8 _____ postre

2 Completa el diálogo.

ANA　　　　Fernando, ¿dónde 1 _____ ?

FERNANDO 2 _____ en Barcelona.

ANA　　　　¿Y dónde 3 _____ tu hermana?

FERNANDO Mi hermana 4 _____ en Madrid.

ANA　　　　¡Ah! Yo también 5 _____ en Madrid.

3 Completa las frases con las palabras interrogativas correspondientes.

1 ¿ _____ eres?

2 ¿ _____ te llamas?

3 ¿ _____ vives?

4 ¿ _____ vive en Madrid?

5 ¿ _____ es su profesión?

6 ¿ _____ quiere beber?

Secciones C y D *Ampliación*

En el restaurante: objetos importantes.
¿Qué palabras reconoces? Usa el diccionario, si
es necesario.

un plato   una fuente   una taza
un vaso   una copa   una jarra
un cuchillo   un tenedor   una cuchara
una cucharilla

Secciones D, E y F *Actividades*

1 Une las sílabas (entre dos y cuatro para
cada palabra) y forma cinco lugares de la
ciudad. (Sección D)

1 CA	2 TE	3 PLA
4 A	5 O	6 NI
7 SE	8 ZA	9 PA
10 CA	11 VE	12 LLE
13 RA	14 RRE	15 DA

Cuadrados   **Palabra**
1 + 12   CALLE

....

....

....

....

2 Escribe la abreviatura correspondiente a
cada palabra. (Sección D)

1   calle   C/

2   plaza   ....

3   señor   ....

4   señora   ....

5   paseo   ....

6   carretera   ....

7   señorita   ....

8   avenida   ....

9   número   ....

10 primero   ....

3 Elige el número que corresponde.
(Sección E)

1   65   **a** cincuenta y seis   **b** sesenta y cinco
          c dieciséis

2   87   **a** setenta y ocho   **b** ochenta y seis
          c ochenta y siete

3   55   **a** cincuenta   **b** quince
          c cincuenta y cinco

4   40   **a** catorce   **b** cuarenta
          c cuarenta y cuatro

5   33   **a** treinta y tres   **b** treinta
          c trece

6   98   **a** noventa y uno   **b** noventa y ocho
          c noventa y nueve

7   14   **a** catorce   **b** cuarenta
          c cuarenta y cuatro

8   12   **a** veinte   **b** veintiuno
          c doce

Secciones E y F *Gramática*

¡Atención!

tener: yo tengo, tú tienes, él/ella/usted tiene

Interrogativos:

¿**Cuál** es tu número de teléfono?

¿**Cuántos** años tienes?

¿**Cómo** se escribe?

Ejercicios

1 **a** Escribe los números en cifras. (Sección E)

1 setenta y cinco = _75_

2 ochenta y siete = _____

3 noventa y siete = _____

4 treinta y cinco = _____

5 veintiuno = _____

6 cincuenta y seis = _____

7 cuarenta y ocho = _____

8 quince = _____

9 diecinueve = _____

b Escribe los números en palabras.

1 54 = _cincuenta y cuatro_

2 66 = _____

3 78 = _____

4 92 = _____

5 18 = _____

6 27 = _____

7 35 = _____

8 13 = _____

9 44 = _____

2 Completa con las palabras correspondientes.

a

A ¿1 _____ años 2 _____ tu hermana?

B 3 _____ veinte.

A ¿Y tú? ¿4 _____ años 5 _____ ?

B Yo 6 _____ dieciocho.

b

C ¿1 _____ se escribe Gómez?

2 _____ G-O-M-E-Z, con acento en la o.

D ¿3 _____ años tienes? 4 _____ veintiocho años.

C ¿5 _____ es tu número de teléfono?

D Mi número 6 _____ es 3456790.

Secciones E y F *Ampliación*

Más vocabulario de la ciudad.

¿Qué palabras reconoces? Usa el diccionario, si es necesario.

el parque	el hospital	el banco
la estación	el supermercado	el garaje
los grandes almacenes		el estadio

Repaso de toda la lección

1 Más gramática

Ver página 49 en Lección 7.

2 Leer

Vas a un restaurante con tus amigos. Lee la carta de tus amigos y elige la comida del menú para cada uno de ellos.

** Menú **

Primer plato
Ensalada mixta . . . .
Tortilla de patata . . . .
Sopa de pollo . . . .
Sopa de pescado . . . .

Segundo plato
Pescado frito . . . .
Huevos fritos con jamón . . . .
Bistec con patatas fritas . . . .
Macarrones con salsa de tomate . . . .
Pavo con salsa de champiñones . . . .

Postre
Helado . . . .
Flan . . . .
Fruta: manzanas, naranjas, melón . . . .

Bebida
Agua . . . .
Cerveza . . . .
Vino . . . .
Zumo de naranja . . . .

	Jaime	Marisa	Pedro
Primer plato			
Segundo plato			
Postre			
Bebida			

Querido amigo:
Gracias por la invitación a comer. Yo soy vegetariano y no como huevos, sopa ni fruta. No bebo alcohol. Marisa come carne, es alérgica al pescado. Siempre come sopa de primero. No toma huevos. Siempre bebe alcohol con las comidas.
Pedro es vegetariano, pero come pescado. No come ensalada ni sopa. No toma comida frita ni salsa de tomate. No toma cosas frías. No come fruta. No toma alcohol.
Adiós.
Jaime

3 Escribe

Escribe una carta con tu información: nombre, nacionalidad, profesión, edad, teléfono, dirección.

Rincón cultural

Comer y beber en España.
En España la cafetería o el bar es un centro de mucha actividad social. La gente va a un bar para tomar algo y hablar con los amigos, y también para hacer negocios. Los bares y las cafeterías abren pronto y cierran tarde. Puedes tomar un café, una cerveza, o un refresco. Y puedes tomar una tapa antes de comer.
La hora de comer varía entre la una y media y las tres. Es la comida principal del día para los españoles. En diferentes partes de España comen más pronto o más tarde. Por ejemplo, en Madrid la gente come muy tarde generalmente. La cena es una comida ligera. La gente cena a las nueve y media o a las diez de la noche.

Autoevaluación

Ya sabes . . .
pedir y ofrecer bebidas y comidas.
preguntar qué hay.
preguntar cuánto cuesta algo.
decir y preguntar direcciones.
los números del 1 al 100.
decir tu número de teléfono.
preguntar un número de teléfono.
decir el abecedario.
deletrear nombres y palabras.
decir cuántos años tienes.
leer y comprender menús, fichas, letreros.

3

¿Dónde está?

Secciones A, B y C *Actividades*

1 Pon la capital en su país y escribe frases.

Ejemplo: Bogotá está en Colombia. Está en el centro de Colombia.

1 Bogotá	2 Buenos Aires
3 Montevideo	4 Lima
5 Caracas	6 Quito
7 Santiago	8 Ciudad de México
9 Asunción	10 La Paz

2 Une las preguntas (lista A) con las respuestas (lista B).

Lista A		Lista B
1 ¿Dónde está Madrid?	a	Está en el centro de España.
2 ¿Eres española?	b	Tres millones.
3 ¿Cuál es la capital de Perú?	c	Soy de Barcelona.
4 ¿Es muy grande tu ciudad?	d	Hay un parque muy grande y galerías de arte.
5 ¿Cuántos habitantes tiene tu ciudad?	e	Vivo en Madrid.
6 ¿A cuántos kilómetros está?	f	Sí, es muy grande.
7 ¿Está Madrid cerca de Barcelona?	g	No, está lejos.
8 ¿Dónde vives?	h	A seiscientos kilómetros.
9 ¿De dónde eres?	i	Sí, soy española.
10 ¿Qué hay en tu pueblo?	j	Lima.

3 Escribe un párrafo sobre cada una de estas cuatro ciudades.

1 Barcelona: Comunidad de Cataluña/ NE España/grande: 1.600.000 habitantes/Madrid a 621 km/cerca: Tarragona/ muy lejos: Sevilla.

2   La Coruña: Comunidad de Galicia/
    NW España/pequeña: 250.000
    habitantes/Barcelona a 1.109 km/cerca:
    Pontevedra/lejos: Madrid.
3   Valladolid: Comunidad de Castilla-
    León/centro España/mediana: 335.000
    habitantes/Madrid a 200 kilómetros/cerca:
    Ávila/lejos: Barcelona.
4   Sevilla: Comunidad de Andalucía/
    S España/grande: 720.000
    habitantes/Madrid a 542 km/cerca:
    Granada/lejos: La Coruña.

Secciones A, B y C *Gramática*

¡Atención!

es español/es grande/está en el norte

ser/estar/tener/hay

Orden de las palabras en la pregunta.

Ejercicios

1 Elige el verbo adecuado: **tener, hay, ser** o
       cstar.

1   Mi ciudad .... cien mil habitantes.

2   En mi ciudad .... un campo de fútbol.

3   Mi pueblo .... pequeño.

4   El hospital .... cerca de mi casa.

5   En el centro .... muchos cines.

6   La ciudad .... dos equipos de fútbol.

7   Los dos parques .... grandes.

8   Mi casa .... en el centro.

2 Elige **es** o **está** para cada frase.

1   Juan .... de Madrid.

2   Barcelona .... en el norte.

3   María .... en Sevilla.

4   Buenos Aires .... grande.

5   Zaragoza .... a trescientos kilómetros
    de Madrid.

6   El estadio no .... en el centro.

7   Juan .... en la oficina.

8   El edificio .... muy bonito.

3 Escribe las frases en el orden correcto.

1   ¿grande es Sevilla?

2   ¿kilómetros Bilbao cuántos de está a
    Sevilla?

3   ¿es Barcelona cómo?

4   ¿dóndc Zaragoza está?

5   noreste Zaragoza España en está el de

6   ciudad la está centro en la el de plaza

7   grande hay cine un centro muy el en

8   hay antiguos Barcelona muchos edificios en

Secciones A, B y C *Ampliación*

Vocabulario de geografía y ciudad.

Usa el diccionario, si es necesario.

Geografía	Ciudad
una montaña	un parque
un lago	un castillo
un río	un museo
una playa	una iglesia
el mar	un edificio
un bosque	una tienda

Sección D *Actividades*

1 Estás en la plaza de España y quieres visitar a tus amigos. Escribe el nombre de cada amigo/a en el plano. Lee las notas.

El plano

Las notas

a

Hola. Vivo en la calle San Pedro. Todo recto desde la plaza de España y la tercera a la derecha.
Catalina

b

Hola. Vivo en la avenida Goya. Todo recto al final de la avenida. Juan

c

Hola. Soy Manuel. Vivo en la calle San Miguel. Desde la plaza de España todo recto y la primera a la derecha.

d

Hola. Vivo en la calle Roma. Sigue todo recto desde la plaza y es la primera a la izquierda. Ana

e

Hola. Vivo en la carretera San José. Todo recto desde la plaza al final. A la izquierda. Luis.

2 Mira el plano de la ciudad.

Escribe a tu amigo/a y explica cómo llegar desde la estación a:

1   tu casa.
2   el restaurante Flor.
3   el hotel Miramar.
4   la catedral.
5   el banco.

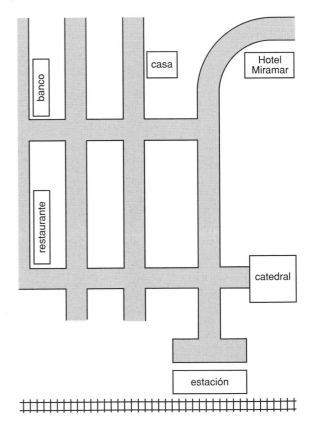

3 Invitas a una amiga española. Busca o dibuja un plano de tu ciudad. Escribe una nota explicándole cómo ir desde tu casa a varios sitios de tu ciudad.

Sección D *Gramática*

¡Atención!
estoy estás está
la/a la/al

Ejercicios

1 Elige la forma correcta del verbo **estar**.

1 María .... en la oficina. La oficina .... al final de la calle Serrano.

2 Yo .... en casa. ¿Y tú? ¿Dónde ....?

3 El hotel Miramar .... aquí.

4 Yo no .... en el hotel Miramar, yo .... en el hotel Ecuador.

5 Carlos .... en el hotel Miramar. ¿ .... tú en un hotel?

6 No, yo .... en un apartamento. El apartamento .... en la plaza Mayor.

2 Elige **es** o **está**.

1 El hotel Colón .... en la plaza San Francisco.

2 ¿Dónde .... la plaza San Francisco?

3 .... al final de la calle Flores.

4 ¿Cuál .... la calle Flores?

5 .... la segunda calle a la derecha y el hotel .... a la izquierda.

3 Elige **la, a la** o **al**.

1 La calle Mayor es .... primera .... derecha.

2 El museo está .... final de la calle.

3 Todo recto y es .... segunda .... izquierda.

4 La catedral está .... derecha.

5 .... final de la calle está la estación.

Sección D *Ampliación*

Vocabulario de tráfico.

Usa el diccionario, si es necesario.

Prohibido el paso
Prohibido aparcar
Curva
Paso de cebra

Peligro
Dirección única
Semáforo
Cruce

Secciones E y F *Actividades*

1 Mira las tres plazas. ¿En qué plaza vive Luis? Lee su carta y elige el plano que corresponde.

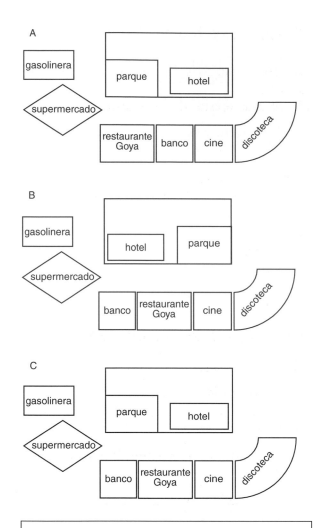

A

B

C

Vivo en una plaza muy interesante.
Hay una discoteca en la esquina al
lado del cine. Enfrente del cine hay
un hotel, y el restaurante Goya está
al lado del cine. El banco está entre
el restaurante y un supermercado. Al
lado del supermercado hay una
gasolinera y enfrente hay un
parque.

2 Mira las plazas A y B de Actividad 1 y
escribe las diferencias que hay entre las
dos.

Secciones E y F *Gramática*

¡Atención!

¿Dónde está ____ ?

Está al lado de ____ /enfrente de ____ /entre ____ y
____ /delante de ____ /detrás de ____ /sobre ____
/en el semáforo/en la esquina.

Artículos: diferencia entre definidos (**el/la/los/las**) e
indefinidos (**un/una/unos/unas**).

Ejercicios

1 Completa las frases.

1   A está ....

2   B está .... Y.

3   C está .... Z.

4   D está ....

5   E está .... la mesa y F está
     .... la mesa.

6   G está .... de H y H está
     .... de G.

7   I está .... J y K.

2 Une las palabras de la lista A con las correspondientes de la lista B.

	Lista A		Lista B
1	Está en la	a	de la estación.
2	Está al	b	esquina de la calle.
3	Está enfrente	c	delante del semáforo.
4	Está entre la cafetería	d	lado del banco.
5	Está	e	de la mesa.
6	Está debajo	f	y el cine.

3 Escribe el artículo en estos diálogos.

a

A ¿Hay 1 .... cafetería por aquí?

B Sí, hay 2 .... cafetería, está en 3 .... calle Don Jaime.

A ¿Dónde está 4 .... calle Don Jaime?

B 5 .... calle don Jaime está al otro lado de 6 .... plaza Mayor.

b

C ¿Dónde hay 1 .... restaurante?

D Hay 2 .... restaurante en 3 .... calle San Carlos. 4 .... restaurante se llama Alfonso X. Está al lado de 5 .... farmacia que se llama Curatodo.

C ¿Y dónde está 6 .... hotel Sol? Pues hay 7 .... hotel al lado de 8 .... farmacia, pero no se llama Sol, se llama Mirasol.

Secciones E y F *Ampliación*

La clase: vocabulario de los muebles y objetos de la clase.
Usa el diccionario, si es necesario.

la puerta
la ventana
la mesa del profesor
la mesa de los estudiantes/el pupitre
la pizarra
el vídeo
el ordenador
las estanterías

Repaso de toda la lección

1 Más gramática

Ver página 49 en Lección 7.

2 Leer

Haz el test de conocimientos: 'Lugares de España'.

1 Bilbao está al lado de ....
   a la playa
   b el centro
   c las montañas

2 Málaga está en ....
   a Cataluña
   b Andalucía
   c Aragón

3 Los Pirineos están en el .... de España.
   a sur
   b este
   c norte

4   Ibiza está en las islas ....
    a   Canarias
    b   Baleares
    c   de Gibraltar

5   Hay playas bonitas en ....
    a   Toledo
    b   Almería
    c   Sevilla

6   Hay una mezquita musulmana muy
    antigua en ....
    a   Córdoba
    b   Barcelona
    c   Santander

Ahora lee el folleto de lugares de vacaciones
para comprobar tus respuestas

Lugares de España

Los Pirineos están en
el norte de España. La
ciudad de Bilbao
también está en el
norte, al lado de la
playa. Hay playas
bonitas en Almería, en
el sur de España y en
Málaga. Málaga y
Almería están en
Andalucía. También
en Andalucía hay una
mezquita musulmana
muy antigua, en
Córdoba. Hay muchas
islas en España. Ibiza
está en las islas
Baleares.

---

3 Escribir

Describe tu pueblo o ciudad. Contesta estas
preguntas.

¿Cómo se llama?
¿Dónde está?
¿A cuántos kilómetros está de la capital o de
una ciudad importante?
¿Cuántos habitantes tiene?
¿Cómo es?
¿Qué hay en tu ciudad?

Rincón cultural

El español o el castellano es la tercera lengua
del mundo en número de personas que la
hablan. Es el idioma de España y de las
naciones de Sudamérica y Centroamérica,
excepto Brasil. También se habla en la
Guayana y Belice y en Cuba, Puerto Rico y la
República Dominicana, en el Caribe, y en
Guinea Ecuatorial, en África. Hay
cuatrocientos millones de hablantes, muchos
de ellos viven en Estados Unidos.

Autoevaluación

Ya sabes . . .
decir de dónde eres.
describir tu país y ciudad/pueblo.
decir dónde están pueblos y ciudades.
hablar de personas famosas y de sus lugares de
origen.
preguntar y explicar cómo llegar a un lugar.

4

¿Cómo es?

Sección A *Actividades*

1 Une los dibujos con las frases.

a   b   c

d   e   f

g   h

1   Quiero una habitación doble.

2   Quiero una habitación individual.

3   Con baño, por favor.

4   Quiero con ducha.

5   Pensión completa.

6   Quiero media pensión.

7   Desayuno sólo.

8   Para dos noches.

2 Completa la parte del cliente en el diálogo.

RECEPCIONISTA   Buenos días, ¿qué quería?

CLIENTE   1 _____ .

RECEPCIONISTA   ¿Para cuántas noches quiere las habitaciones?

CLIENTE   2 _____ .

RECEPCIONISTA   Muy bien. ¿Quiere las dos habitaciones con baño?

CLIENTE   3 _____ .

RECEPCIONISTA   Lo siento, pero no ahora no tenemos individuales con ducha.

CLIENTE   4 _____ .

RECEPCIONISTA   ¿Quieren comer o cenar en el hotel?

CLIENTE   5 _____ .

RECEPCIONISTA   Muy bien, pues desayuno y cena.

CLIENTE   6 ¿_____ ?

RECEPCIONISTA   La doble 48 euros y la individual 30 euros. Firme aquí, por favor. Aquí tiene las llaves.

3 Escribe las fechas con números.

1   el veinte de febrero   *20/2*

2   el veinticinco de diciembre   ....

3   el ocho de octubre   ....

4   el dieciséis de mayo   ....

5   el tres de noviembre   ....

6   el treinta de septiembre   ....

7   el uno de febrero   ....

8   el trece de marzo   ....

9   el once de enero   ....

Sección A *Gramática*

> ### ¡Atención!
>
> Preposiciones: para, con, sin
>
> **para** una noche/una persona/el dos de octubre
>
> **con** baño/desayuno
>
> **sin** ducha
>
> Fechas: el dos de abril
>
> masculino/femenino: el/la

Ejercicios

1 Escribe las preposiciones correspondientes.

1   Quiero una habitación .... baño, ... tres personas.

2   Una habitación .... tres noches, por favor.

3   ¿Quiere una habitación .... baño? No, quiero .... baño, sólo .... ducha.

4   Quiero la habitación .... desayuno sólo.

5   ¿Quiere media pensión .... comida o .... cena?

6   Quiero una reserva .... el doce de abril.

7   La habitación es .... cuatro personas.

8   No quiero desayunar. Quiero sólo la habitación, ... desayuno.

2 Escribe las fechas con palabras.

1   4/6   *el cuatro de junio*

2   1/3   ....

3   3/4   ....

4   23/10   ....

5   15/11   ....

6   19/12   ....

7   31/5   ....

8   12/9   ....

9   10/8   ....

3 Escribe **el** o **la** con cada palabra.

1 ..... desayuno	7 ..... noche
2 ..... habitación	8 ..... persona
3 ..... pensión	9 ..... ducha
4 ..... semana	10 ..... día
5 ..... baño	11 ..... mes
6 ..... hora	12 ..... fecha

Sección A *Ampliación*

Otras formas de alojamiento.

Usa el diccionario.

el camping   el apartamento   el hostal
el aparthotel   la pensión   el parador
el albergue   la casa rural

Sección B *Actividades*

1 **a** Completa las palabras.

1 c _ l _ f _ c _ i _ _ *calefacción*

2 _ e _ t _ u _ a _ t _

3 _ i _ c _ t _ c _

4 p _ l _ q _ e _ í _

5 _ i _ c _ n _

6 a _ c _ n _ o _

7 _ a _ c _ _ í _

8 s _ r _ i _ i _ c _ m _ r _ r _

9 _ i _ e a _ o _ d _ c _ o _ a _ o

b Une los símbolos con las palabras de arriba.

a   b   c

d   e   f

g   h   i

2 Lee la carta y completa los espacios en blanco con las palabras del cuadro.

tiendas	grande	pueblo
cómodo	antiguo	restaurante
calefacción	terraza	doble
cama	bonito	discoteca
jardín	veinte	frigorífico

Querida Carmen:

Estoy de vacaciones con Juan, en los Pirineos, en un hotel muy

1 ...., se llama hotel Marimar.
El hotel no es muy 2 ...., sólo
hay 3 .... habitaciones, pero es
muy 4 .... Es un hotel
5 ...., pero tiene 6 ....
y aire acondicionado. Juan y yo
estamos en una habitación
7 .... con baño completo. La
habitación tiene televisión con satélite
y 8 .... La 9 .... es
grande y cómoda. También tiene una
10 .... muy bonita, con vistas
a la montaña.

El hotel tiene un 11 .... grande
con piscina y parque infantil,
también hay bar y 12 ...., la
comida es excelente. Está cerca del
13 .... Al lado del hotel hay
14 .... y en el pueblo hay
unas pistas de tenis y una
15 ....

Hasta pronto, Isabel

3 Lee la carta de actividad 2 y contesta las preguntas.

1   ¿Quién está de vacaciones?
2   ¿Con quién está?
3   ¿Dónde está?
4   ¿Cómo es el hotel?
5   ¿Cuál es el nombre del hotel?
6   ¿Cuántas habitaciones hay?
7   ¿Cómo es su habitación?
8   ¿Qué hay en la habitación?
9   ¿Qué servicios tiene el hotel?
10 ¿Qué hay en el pueblo?

Sección B *Gramática*

¡Atención!	
Masculino:	-o
Femenino:	-a -e
Verbos:	hay/es/está
Interrogativos:	¿Qué?/¿Cómo?/¿Dónde?

Ejercicios

1 Elige la terminación correspondiente (masculino o femenino) para completar las palabras.

1   El jardín es grand............. .
2   La habitación es pequeñ............. .
3   La ducha es modern............. .
4   El sofá es cómod............. .
5   La televisión es bonit............. .

6   El hotel es modern............. .
7   La cama es grand............. .
8   El jardín es bonit............. .
9   La piscina es modern............. .
10 El restaurante es económic............. .
11 El ascensor es muy rápid............. .
12 La cama es cómod............. .

2 Elige el verbo correspondiente: **hay**, **es** o **está**.

1   En el jardín .... una piscina.
2   El hotel .... en la playa.
3   La habitación .... grande.
4   El restaurante .... bueno.
5   .... una peluquería en el hotel.
6   La discoteca .... en el centro.
7   La habitación .... en el cuarto piso.
8   ¿ .... servicio de camarero?

3 Pon los interrogativos correspondientes: **¿Qué?**, **¿Cómo?** o **¿Dónde?**

1   ¿ .... se llama el hotel?
2   ¿ .... está el hotel?
3   ¿ .... tiene el hotel?
4   ¿ .... hay en el menú?
5   ¿ .... es el restaurante?
6   ¿ .... están los servicios?
7   ¿ .... está la piscina?
8   ¿ .... hay para beber?

Sección B *Ampliación*

Los muebles de la casa.

Usa el diccionario.

En el salón	el sofá, el sillón, la estantería
En la cocina	el fregadero, el lavaplatos, la lavadora, el horno, el taburete, el banco
En el baño	la bañera, el lavabo, la taza
En el dormitorio	el armario, la mesilla, la cama
En el comedor	la mesa, la silla, el mueble

Secciones C y D *Actividades*

1 Mira los planos de estos pisos y escribe la descripción de cada uno.

A

terraza	
baño	salón-comedor
dormitorio	cocina
dormitorio	baño

(pasillo)

B

	terraza
salón-comedor	baño
	dormitorio
	cocina
	baño

(pasillo)

C

	terraza
baño	dormitorio
dormitorio	salón-comedor
cocina	

(pasillo)

El piso A tiene un pasillo, dos dormitorios/ habitaciones . . .
El piso B . . .
El piso C . . .

2 Lee los anuncios de pisos y las fichas de las personas en la página 28. Decide para qué familia es cada piso.

Anuncios

1 Piso céntrico, 60m². Dos dormitorios. Antiguo, pero renovado y cómodo. Tres dormitorios y dos baños. 3ª planta. Todo exterior. Tiendas y colegios cerca. 90.000€.

2 Piso un dormitorio, cocina-comedor, amueblado, terraza. Todo exterior, garaje independiente. Céntrico. 72.000€.

3 Chalet individual, en urbanización tranquila a cuatro kilómetros del centro, tres dormitorios, cocina independiente, comedor/salón, estudio, dos baños, garaje. 130.000€.

4 Chalet individual, en zona tranquila a cinco kilómetros de la ciudad. Dos dormitorios, cocina-comedor, un baño, salón, jardín grande, garaje, vistas al mar. 110.000€.

Fichas

A Quiero un piso o una casa cerca de la playa, no muy grande. Tengo un hijo de doce años. Quiero un jardín bonito y grande. Me gusta el mar.

B Somos una pareja sin hijos. Queremos vivir en un piso pequeño cerca del centro. Necesitamos aparcamiento para el coche.

C Tengo dos hijos y estoy divorciado. Quiero vivir cerca del colegio de los niños porque no tengo coche. No quiero vivir lejos del centro. No tengo problemas de dinero. Prefiero un piso moderno, alto y con ascensor, con dos baños.

D Queremos un piso en la planta baja o una casa grande y tranquila. Tenemos tres hijos pequeños y trabajamos en casa. Necesitamos espacio y no queremos vivir en el centro.

3 Mira los dibujos y los nombres de los muebles y objetos. Escribe los lugares de la casa donde puedes encontrarlos. Después escribe frases.

Ejemplo: *La bañera está en el cuarto de baño.*

1 la bañera
2 la lámpara
3 el armario
4 el sofá
5 la ducha
6 la silla
7 la estantería
8 la mesilla de noche
9 la cama
10 el frigorífico

Secciones C y D *Gramática*

¡Atención!

es/son
está-están = **es** grande, **están** sucios
Adjetivos: femenino/masculino
Singular/plural = casa ➜ casas, comedor ➜ comedores
(Nota: si hay un acento en el singular, no hay en el plural: salón ➜ salones.)
Ordinales: primer/primero/primera
segundo/segunda
tercer/tercero/tercera, etc.

Ejercicios

1 a Escribe **el** o **la** con cada palabra.
   b Elige un adjetivo del cuadro para cada palabra. Cambia al femenino si es necesario.
   c Escribe las frases en el plural.

bonito	grande	rápido	moderno
cómodo	limpio	viejo	desordenado
vacío	pequeño		

1 *la* casa bonita ➔ *las casas bonitas*

2 .... hotel .... ➔ ....

3 .... apartamento .... ➔ ....

4 .... habitación .... ➔ ....

5 .... ascensor .... ➔ ....

6 .... piscina .... ➔ ....

7 .... cocina .... ➔ ....

8 .... piso .... ➔ ....

9 .... comedor .... ➔ ....

10 .... baño .... ➔ ....

2 a Completa las frases con **es** o **está**.
   b Escribe la pregunta que corresponde a cada frase: **¿Cómo es?** o **¿Cómo está?**
   c Escribe las frases en plural.

1 La casa es cara. ¿Cómo es la casa? Las casas son caras.

2 La habitación .... limpia.

3 La ciudad .... grande.

4 El piso .... sucio.

5 La cocina .... pequeña.

6 El salón .... vacío.

7 El café .... caliente.

8 El vino .... caro.

9 El restaurante .... nuevo.

10 El hotel .... viejo.

11 El vaso .... lleno.

12 El dormitorio .... desordenado.

3 Una casa familiar. Sustituye los números en el texto.

Ejemplo: 2º/2ª = *segundo/segunda*

Vivo en el 3er piso, 2ª puerta. Mi amigo Juan vive en el 5º piso, 1ª puerta. Mi amiga Susana vive en el 9º piso, 4ª puerta. Mi hermano vive en el 1er piso, 8ª puerta. Mis padres viven en el 10º piso, puerta 3ª. Mi tía vive en el 8º piso, 6ª puerta. Mis primos viven en el 7º piso, 5ª puerta.

Secciones C y D *Ampliación*

Adjetivos.

Usa el diccionario.

roto desordenado encendido abierto feo

Repaso de toda la lección

1 Más gramática

Ver página 49 en Lección 7.

2 Leer (ver página 30)

Elige un hotel para cada persona.

Hotel Carlos I ***

Situado a unos 150 metros de la playa. Habitaciones con calefacción, baño completo, teléfono y terraza. Bar-salón, sala TV, piscina, terraza-solarium. Programa de animación. Servicio de comedor: servido en mesa.

Hotel Sol ****

Situado a 100 metros del centro. 80 habitaciones con baño completo, teléfono directo, TV vía satélite, vídeo, hilo musical, minibar, caja fuerte y aire acondicionado, salón de TV. Salas de conferencia y auditorio. Bar, cafetería, pub, restaurante internacional y garaje.

Hotel Pirineos **

Situado en el Casco antiguo a 250 metros de la playa. Habitaciones dobles con lavabo, ducha y w.c., teléfono y terraza. Bar, restaurante, sala de TV y calefacción. Ambiente familiar. Servicio comedor: servido en mesa. Camas extras para niños.

A

Soy un hombre de negocios y necesito un hotel en el centro con muchas facilidades. Busco un hotel donde poder organizar una conferencia para mi compañía.

B

Somos una familia. Queremos estar cerca de la playa. Tenemos dos niños pequeños. Queremos un hotel sencillo y no muy caro. ¿Pueden dormir los niños en la misma habitación?

C

Somos una pareja. Queremos estar cerca de la playa pero no queremos nadar en el mar. Preferimos una piscina. También queremos hacer actividades organizadas.

3   Escribir

Escribe una carta a un hotel para reservar habitaciones con los datos siguientes.

Quieres:
- 2 habitaciones: 1 doble y 1 sencilla
- 2 adultos + 1 niño
- baño completo
- media pensión: cena
- 7 noches: 28/1 a 3/2

Preguntas

Habitación: ¿Televisión? ¿Frigorífico? ¿Aire acondicionado?

Hotel: ¿Jardín? ¿Piscina? ¿Parque infantil?

Rincón cultural

Los paradores de España

Si vas de viaje por España, puedes parar en un parador. Un parador es un hotel y restaurante situado en un sitio muy especial, generalmente en un castillo o palacio y normalmente con vistas espectaculares. Puedes dormir allí o simplemente comer en su restaurante de alta categoría.

Autoevaluación

Ya sabes . . .
reservar una habitación en un hotel.
decir las fechas.
describir lugares.
describir tu casa.
decir los números ordinales.

5

¿Qué haces?

Secciones A y B *Actividades*

1 Une las palabras y frases de la lista A con las de la lista B y C para escribir frases completas.

Lista A	Lista B	Lista C
Juan	come	libros
Yo	trabaja	en un hospital
Tú	comes	en casa
Marta	escuchas	mucha música
Tú	compro	en una fábrica
Yo	vive	en la calle Mayor
Ella	escucho	alemán
Tú	bebe	cerveza
Yo	trabajas	en el restaurante
Luis	estudio	música clásica

2 Lee la información del cuadro y escribe un párrafo sobre tu vida diaria y la vida de Pepe. Empieza: Pepe vive en Madrid . . .

	Pepe	Tú
vivir	Madrid	Barcelona
trabajar	fábrica	oficina
estudiar (por las tardes)	inglés	español
comer	casa	restaurante
escuchar música	rock	clásica
comprar	libros de humor	revistas de turismo

3 ¿Qué hora es?

Madrid

En Madrid son las cinco de la tarde.

1 En México son siete horas antes.

Son las diez de la mañana.

2 En Uruguay son cuatro horas antes.

....

3 En Pakistán son tres horas después.

....

4 En Filipinas son siete horas después.

....

5 En Perú son seis horas antes.

....

6 En California son ocho horas antes.

....

7 En Inglaterra es una hora antes.

....

8 En Japón son nueve horas más tarde.

....

Secciones A y B *Gramática*

¡Atención!

Verbos regulares en -ar, -er, -ir

yo	-o -o -o
tú	-as -es -es
él/ella/usted	-a -e -e

Hacer: irregular en la 1ª persona: **hago**
          regular en las demás: **haces**
                                       hace

por la mañana/a las ocho de la mañana

Ejercicios

1 Completa el crucigrama con verbos del cuadro.

comer	vivir	trabajar
estudiar	comprar	escuchar

Horizontal

3   ¿(Tú) .... en la universidad?

4   Juan .... patatas fritas.

5   ¿Qué .... (tú) en el restaurante?

6   (Yo) .... en un apartamento.

7   (Yo) .... en una oficina.

Vertical

1   ¿Dónde .... (tú)?

2   (Yo) .... música pop.

3   Mi padre .... música clásica.

4   Mi madre .... la comida en el supermercado.

2 Escribe las horas en palabras y frases completas.

1   6.45   *Son las siete menos cuarto.*

2   7.50   ....

3   10.25   ....

4   1.15   ....

5   9.30   ....

6   6.35   ....

7   3.40   ....

8   5.50   ....

9   2.55   ....

3 Escribe los verbos en paréntesis en la forma correspondiente.

A ¿Y qué **1** .... (hacer) tú, Beatriz? ¿**2** .... (estudiar) o **3** .... (trabajar)?

B Por la mañana **4** .... (trabajar) y por la tarde **5** .... (estudiar) en una escuela de inglés.

A ¿A qué hora **6** .... (comer)?

B **7** .... (comer) a las dos y media.

A ¿**8** .... (comer) en casa?

B No, **9** .... (comer) en un restaurante, pero **10** .... (cenar) en casa.

A ¿Y en qué **11** .... (trabajar)?

B **12** .... (trabajar) en una oficina.

A ¿**13** .... (vivir) lejos de la oficina?

B Sí, **14** .... (vivir) muy lejos.

A ¿Qué **15** .... (hacer) por la noche?

B **16** .... (escuchar) música.

A ¿Y tu marido **17** .... (trabajar)?

B Sí, **18** .... (trabaja) en una oficina cerca de casa.

A ¿Y él **19** .... (comer) en casa?

B Sí, él **20** .... (comprar) la comida y **21** .... (comer) en casa con los niños.

Secciones A y B *Ampliación*

Otras actividades de la vida diaria.

Usa el diccionario, si es necesario.

tomar el autobús	llegar al trabajo
entrar en la oficina	llamar por teléfono
escribir una carta	salir del trabajo
volver a casa	leer
ver la televisión	hablar con la familia

Sección C *Actividades*

1 ¿Qué haces todos los días?

Une las frases con los dibujos. Las frases son preguntas; escribe las respuestas (con las horas).

a ¿A qué hora te despiertas?

   1   *Me despierto a las siete.*

b ¿A qué hora te acuestas?

   ....

c ¿A qué hora desayunas?

   ....

d ¿A qué hora te levantas?

   ....

e ¿A qué hora ves la televisión?

   ....

f ¿A qué hora vas al trabajo?

   ....

g ¿A qué hora te duchas?

....

h ¿A qué hora lees?

....

i ¿A qué hora te vistes?

....

j ¿A qué hora sales de casa?

....

k ¿A qué hora comes?

....

l ¿A qué hora vuelves a casa?

....

2 ¿Qué haces en tu tiempo libre?

Busca en la sopa de letras las palabras para completar las frases.

A	N	M	Y	S	Q	L	J	P	M
A	C	M	D	M	V	E	O	H	E
X	Z	J	U	E	G	O	H	A	A
C	V	U	E	L	V	O	S	G	C
O	Q	L	M	E	B	A	Ñ	O	U
M	R	T	L	V	J	G	D	Y	E
P	F	W	F	A	G	O	P	O	S
R	L	K	J	N	J	S	Q	W	T
O	V	W	A	T	U	O	L	C	O
P	A	D	V	O	Y	G	P	G	W

1 _Juego al tenis._

2 .... un libro.

3 .... pronto.

4 .... al teatro.

5 .... la televisión.

6 .... tarde.

7 .... en la piscina.

8 .... ropa.

9 .... a casa a las once.

10 .... deporte.

3 La agenda de los domingos

  a Lee la agenda completa durante un minuto.

  b Cubre la agenda completa y escribe las actividades que recuerdas en la segunda agenda; usa el presente en primera persona (yo).

Domingo (hora)	
9.00 mañana	levantarme
9.30 mañana	desayunar
11.00 mañana	partido de fútbol
2.00 tarde	comer en casa
4.00 tarde	ir a casa de Javier a escuchar música
6.00 tarde	ir de compras con Javier
7.30 tarde	tomar un café con mis amigos
9.00 tarde	cenar con mi hermano
10.30 noche	ir al cine
12.30 noche	ir a la discoteca

Domingo (hora)	
9.00 mañana	me levanto
9.30 mañana	
11.00 mañana	
2.00 tarde	
4.00 tarde	
6.00 tarde	
7.30 tarde	
9.00 tarde	
10.30 noche	
12.30 noche	

Sección C *Gramática*

¡Atención!

Verbos reflexivos (formas del singular): **me** levanto, **te** lavas, **se** acuesta

Pronombres reflexivos (singular): me, te, se

Verbos irregulares:	salir	volver	hacer	ir
(yo)	salgo	vuelvo	hago	voy
(tú)	sales	vuelves	haces	vas
(él, ella, usted)	sale	vuelve	hace	va

Ejercicios

1 Escribe el pronombre reflexivo (**me**, **te** o **se**) correspondiente en cada frase.

1　*Me* levanto a las ocho.

2　Juan .... acuesta a las diez.

3　¿A qué hora .... acuestas?

4　¿Cuándo .... levantas?

5　............... lavo el pelo todos los días.

6　¿ .... duchas o .... bañas?

7　Yo .... ducho.

8　María .... peina.

9　¿ .... vistes para la fiesta?

10　No, no .... visto para la fiesta.

2 **a** Lee la agenda de Actividad 3 (Secciones A y B).
   b Pon los verbos en 3ª persona.
   c Escribe las horas en palabras.
Ejemplo: levantarse ➜ *Juan se levanta a las nueve de la mañana.*

3 Pon las frases en el orden correcto.

1   ¿hora levantas a te qué?
2   las casa a yo de salgo siete
3   televisión veo la las a diez
4   media a trabajo mi a las voy ocho y
5   acuesto once a me las media y
6   amigos con salgo mis la por tarde
7   un como mi en con restaurante familia
8   casa vuelvo ocho a a las

Sección C *Ampliación*

Actividades de tiempo libre y deportes.

Usa el diccionario, si es necesario.

jugar al fútbol	cantar
tocar el piano	patinar
pintar	jugar al baloncesto
jugar a las cartas	hacer fotografía
coleccionar	visitar galerías de arte
hacer montañismo	hacer ejercicio

Sección D *Actividades*

1 Pon las cualidades y defectos en parejas.

Cualidad   **Defecto**

sensible   *insensible*

....

....

....

....

....

....

....

....

perezoso	tranquilo	responsable
mentiroso	abierto	tonto
simpático	irresponsable	débil
nervioso	~~sensible~~	fuerte
~~insensible~~	pesimista	antipático
tímido	sincero	trabajador
optimista	inteligente	

2 **a** Lee la carta de Sara.
   b Escribe la carta de Luis que es opuesto a Sara.

Querido amigo:
Voy a decirte cómo es mi personalidad. Soy tranquila y simpática. Soy fuerte y abierta. También soy pesimista y perezosa.
Sara

Querido amigo:
Voy a decirte cómo es mi personalidad.
Soy nervioso y 1 .... Soy
2 .... y 3 .... También soy
4 .... y
5 ....
Luis

3 Elige varios adjetivos y describe tu personalidad y la personalidad de un(a) amigo/a.

Sección D *Gramática*

¡Atención!

Adjetivos

Masculino	Femenino
-o	-a
-e	-e
-r	-ra
-consonante	-consonante

Ejercicios

1 Une la primera parte de la palabra (Lista A) con la terminación correspondiente (Lista B).

	A	B
1	sinc-	able
2	intelig	do
3	respons-	dor
4	simpát-	ente
5	trabaja-	ero
6	nervi-	ible
7	tími-	ico
8	fuer-	ilo
9	optim-	ista
10	tranqu-	oso
11	scns-	te

2 Forma frases completas con los adjetivos de Actividad 1 de esta sección. Después escribe las frases en plural.

Ejemplo: *Él es sincero.* ➜ *Ellos son sinceros.*

3 Ahora pon los mismos adjetivos de la actividad anterior en femenino.

Ejemplo: *Ella es sincera.* ➜ *Ellas son sinceras.*

Sección D *Ampliación*

Lee los nombres que expresan cualidades y defectos.

¿A qué adjetivo se refieren?

Busca en el diccionario si es necesario.

la pereza	la mentira
la tolerancia	la envidia
la lealtad	el egoísmo
la alegría	la confianza
la tristeza	la simpatía
la sinceridad	la responsabilidad
la generosidad	la tranquilidad
el optimismo	

Repaso de toda la lección

1 Más gramática

Ver página 49 en Lección 7.

2 Leer

Lee tu personalidad y tu profesión ideal en el horóscopo en la página 38.

¿Las personas de qué signo (o signos) . . .

1 no son débiles?
2 son buenos militares?
3 no son perezosos?
4 trabajan en un hospital?
5 escriben en su trabajo?
6 son buenos directores?
7 tocan un instrumento?
8 inventan cosas?

Las personas Aries son fuertes y serias. Los trabajos más adecuados son soldado o ingeniero.
Los Tauro son responsables, trabajadores y los trabajos más adecuados, entre otros, son músico y jardinero.
Los Géminis normalmente son inteligentes y divertidos y entre ellos hay muchos periodistas y escritores.
Las personas Cáncer son familiares y sensibles y los trabajos adecuados para ellos son enfermero y pescador entre otros.
Los Leo son muy optimistas y dominantes. Trabajan como empresario o actor.
Por otra parte los Virgo son tímidos y amables. Las profesiones más adecuadas para ellos son profesor y secretario.
Las personas Libra son perezosas pero simpáticas y entre ellas hay muchos artistas y peluqueros.
Los Escorpio son apasionados y crueles. Los trabajos más adecuados para ellos son médico y arquitecto.
Los Sagitarios son abiertos y alegres. Los trabajos adecuados para ellos son astronauta o deportista.
Entre las personas Capricornio, que son ambiciosas y metódicas, hay muchos políticos y directores de empresas.
Los Acuario normalmente son agradables y generosos. Sus trabajos favoritos son inventor y presentador de televisión.
Finalmente los Piscis son muy románticos pero nerviosos y tienen cualidades para ser bailarín o poeta.

3 Escribir

Estás de vacaciones con unos amigos en la playa. Escribe una carta a tu familia.
Habla de . . .

a   tus amigos (su personalidad, cualidades, defectos . . .)
b   las actividades que haces todos los días: levantarte tarde, nadar, tomar el sol, pasear, cenar en restaurantes, tomar refrescos, jugar al tenis, etc.

Rincón cultural

El horario
En España el horario laboral tradicional es de las nueve a la una o la una y media, y por la tarde de las cuatro o cuatro y media hasta las siete o las ocho. Las tiendas y las oficinas cierran y hay tres horas para comer a mediodía. En algunas compañías y grandes almacenes no cierran a mediodía.

Autoevaluación

Ya sabes . . .
hablar de tu vida diaria.
decir la hora.
usar verbos reflexivos (levantarse, etc.).
hablar de lo que haces en tu tiempo libre.
utilizar estos verbos: hacer, ir, salir, volver.

6

¿Algo más?

Secciones A y B *Actividades*

1 Completa los diálogos en las tiendas con frases completas.

  a **En la tienda de comestibles.**

A Buenos días, ¿qué desea?

B Deme 150g y

$\frac{1}{4}$ kg  .

A ¿Algo más?

B Sí,  y

$\frac{1}{2}$ l  .

A ¿Alguna cosa más?

B No.

  b **En la verdulería-frutería.**

C Buenos días, ¿qué le pongo?

D Deme 2kg y

$\frac{1}{2}$ kg .

C ¿Quería algo más?

D Sí, póngame 3/4kg y

1kg  .

C ¿Algo más?

D Nada más, ¿cuánto es?

  c **En la carnicería.**

E Buenos días, ¿qué desea?

F Quiero  por favor, y

$1\frac{1}{2}$ kg  .

E ¿Algo más?

F Sí, deme $\frac{1}{2}$ kg  .

E ¿Qué más quiere?

F Nada más gracias.

2 Completa el crucigrama.

							1					
				2								
		3										
	4											5
					6		7					
	8							9				
			10									
11												
					12							

Horizontal

2 Para la ensalada: aceite y ....
4 Un .... de leche/agua/zumo.
9 Una clase de carne.
10 Comes esto el día de tu cumpleaños.
11 El nombre general para cordero, lomo, ternera, etc.
12 El sitio donde haces las compras.

Vertical

1 Una .... de sardinas.
2 Lechuga, zanahoria, patata, judías, etc.
3 Un .... de patatas, por favor.
5 Una verdura: c ....
6 ¿Dónde compras las naranjas?
7 Su madre pone huevos.
8 Una fruta.
10 Comes esto con mantequilla.

3 Calcula los precios en euros y céntimos de los productos que tienes que poner en la cuenta.

Producto	Precio
salchichas	
aceite	
plátanos	
cebollas	
pollo	
trucha	
pan	
leche	
agua mineral	0,90€ (noventa céntimos)
chocolate	
manzanas	

El pan vale veinte céntimos menos que el agua mineral.
El pollo vale cinco euros cuarenta y cinco céntimos más que el pan.
Las manzanas valen tres treinta menos que el pollo.
Los plátanos valen uno veinticinco menos que las manzanas.
Las salchichas valen dos sesenta más que los plátanos.
El aceite vale noventa céntimos menos que las salchichas.
Las cebollas valen dos veinte menos que el aceite.
La trucha vale dos cincuenta más que las cebollas.
La leche vale dos setenta menos que la trucha.
El chocolate vale treinta céntimos más que la leche.

Secciones A y B *Gramática*

¡Atención!

el/la/los/las

cuánto/cuánta/cuántos/cuántas

Números: doscientos/doscientas

Ejercicios

1 Pon el artículo correspondiente a cada palabra.

1   *las* naranjas

2   .... coliflor

3   .... lomo

4   .... sardinas

5   .... azúcar

6   .... olivas

7   .... leche

8   .... jamón

9   .... paquete

10 .... huevos

2 Pregunta la cantidad. **Usa cuánto/a/os/as.**

1   Quiero manzanas.   *¿Cuántas quiere?*

2   Quiero leche.   ¿ .... ?

3   Deme huevos.   ¿ .... ?

4   Quiero mantequilla. ¿ .... ?

5   Deme vino.   ¿ .... ?

6   Quiero tomates.   ¿ .... ?

7   Deme azúcar.   ¿ .... ?

8   Quiero pan.   ¿ .... ?

9   Deme naranjas.   ¿ .... ?

10 Quiero pescado.   ¿ .... ?

11 Deme patatas.   ¿ .... ?

3 Lee los números y pon las cifras que faltan.

1   mil setecientos cincuenta y uno
    1.......51 ➜ *1.751*

2   tres mil trescientos ochenta y uno
    3.3....1 ➜ ....

3   quinientos treinta y tres
    ......33 ➜ ....

4   cuatrocientos tres
    4...3 ➜ ....

5   ocho mil setecientos treinta y seis
    8.73.... ➜ ....

6   dos mil ciento ocho
    2......08 ➜ ....

7   cinco mil cincuenta
    5.0....0 ➜ ....

8   ciento doce
    11.... ➜ ....

9   diez mil cuatrocientos quince
    10.....15 ➜ ....

10 novecientos cincuenta y siete
    9....7 ➜ ....

11 quince mil quinientos
    15.5....0 ➜ ....

Secciones A y B *Ampliación*

Más comidas y bebidas (ver página 42).

Usa el diccionario.

El pescado
la merluza
los mejillones
el salmón

La carne
la ternera
el pavo
el lomo

La fruta
las uvas
las mandarinas
la sandía

La verdura
el pimiento
el aguacate
la berenjena

Secciones C, D y E *Actividades*

1 Encuentra la palabra extraña. Usa el diccionario si es necesario.

1 En una farmacia compras: aspirina, tiritas, pastillas, aceite, pasta de dientes.
2 En un estanco hay: periódicos, revistas, medicinas, tarjetas postales, sellos.
3 En una papelería compras: sobres, lapiceros, plumas, azúcar, gomas.
4 En una droguería compras: jabón, detergente, libros, artículos de limpieza, lejía.
5 En una tienda de deportes hay: carpetas, zapatillas, chandals, raquetas, camisetas.

2 Pon en orden el diálogo en la tienda de ropa.

a ¿Dónde está el probador?
b ¿Cuál es su talla?
c ¿Tiene esta camisa en color azul?
d La cuarenta y cuatro.
e Está al fondo, a la izquierda.
f Sí, claro. Pase al probador.
g ¿Qué desea?
h Sí, aquí tiene la camisa azul.
i ¡Qué cara!
j Sí, quiero ésta. ¿Cuánto es?
k Ésta es la cuarenta y dos.
l ¿Puedo probármela?
m Es muy grande. Quiero una talla más pequeña.
n ¿Qué tal le va?
o Son sesenta y cinco euros.

3 Escribes una carta a una amiga y le mandas una foto de tus amigos.

Escribe el nombre de cada amigo en el dibujo correspondiente.

1 .... 2 ....
3 .... 4 ....
5 ....

Querida María:
Te mando una foto de mis amigos,
Quico, Moncho, Javier, Marta y Chus.
Son muy simpáticos. Moncho es el
chico alto que lleva gafas de sol, es
rubio y un poco gordo; lleva un traje
gris. Quico es el hermano de Moncho,

pero es muy diferente; también es alto, pero es delgado con el pelo corto y moreno y lleva gafas. En la foto lleva pantalón negro y una camisa blanca. Javier es muy moreno con el pelo corto. Lleva un jersey negro y pantalones blancos. Marta es mi mejor amiga. Es alta, delgada y rubia, con el pelo largo. Es muy guapa. Lleva una chaqueta blanca y una falda negra. Nuestra amiga Chus es muy parecida a Marta, pero tiene el pelo moreno y corto. Lleva una chaqueta negra y un vestido blanco.

4 Escribe frases completas. Utiliza las expresiones siguientes.

1 abrir/11.30/el museo
El museo abre a las once y media

2 abrir/9.30/el banco

3 cerrar/7.30/las tiendas

4 empezar/5.30/la película

5 abrir/1.30/las discotecas

6 terminar/13.30/la clase de español

7 empezar/9.30/las fiestas

8 terminar/10.30/las clases

9 cerrar/7.15/el museo

Secciones C, D y E *Gramática*

¡Atención!

Adjetivos demonstrativos: este/esta/estos/estas

Adjetivos calificativos

número	singular: grand**e**	plural: grand**es**
género	masculino: blanc**o**	femenino: blanc**a**

verbos: -e ➔ -ie (en singular)

cerrar ➔ c**ie**rra; empezar ➔ emp**ie**za; querer ➔ qu**ie**re; preferir ➔ pref**ie**re; tener ➔ t**ie**ne (pero ¡atención!: tengo)

Ejercicios

1 Escribe en los espacios en blanco el adjetivo correspondiente.

1 *Esta* chaqueta es grande.

2 _____ abrigo es bonito.

3 _____ talla es muy grande.

4 _____ tiendas son muy buenas.

5 _____ chicos son altos.

6 _____ vestido es verde.

7 _____ camisas son blancas.

8 _____ zapatos son pequeños.

9 _____ chica es rubia.

10 _____ chicas son muy delgadas.

11 _____ jersey es azul.

2 Pon los adjetivos en paréntesis en la forma correcta.

1 La falda es (blanco)➜ *La falda es blanca.*

2 Los chicos son (moreno) ➜ ....

3 Las chicas son (rubio) ➜ ....

4 El pantalón es (blanco) ➜ ....

5 Los zapatos son (negro) ➜ ....

6 La camisa es (amarillo) ➜ ....

7 El vestido es (liso) ➜ ....

8 Los calcetines son (negro) ➜ ....

9 El abrigo es (gris) ➜ ....

10 Las chaquetas son (gris) ➜ ....

11 La blusa es (bonito) ➜ ....

12 La falda es (caro) ➜ ....

3 Escribe los verbos en la forma correcta.

1 El concierto .... (empezar) a las cinco.

2 ¿ .... (Querer) tú un café?

3 Yo .... (preferir) la falda negra.

4 ¿A qué hora .... (cerrar) la tienda?

5 Yo .... (empezar) a trabajar a las nueve.

6 Juan .... (querer) la chaqueta azul.

7 María .... (tener) un vestido blanco.

8 Y tú, ¿ .... (tener) un mapa de la región?

9 Yo .... (cerrar) la tienda a las ocho.

10 ¿A qué hora .... (empezar) tú a trabajar?

Secciones C, D y E *Ampliación*

Las tiendas, la ropa y vocabulario de descripción.

Usa el diccionario, si es necesario.

El pantalón es	caro/barato.
Pago con	la tarjeta de crédito/en efectivo/con dinero.
El vestido es	liso/estampado/de rayas/de flores.
Otras ropas	el sombrero/la gorra/el chaquetón/la blusa/el pantalón corto/la camisa de manga corta/las medias.
Mi pelo es	liso/rizado.

Repaso de toda la lección

1 Más gramática

Ver página 50 en Lección 7.

2 Leer

Lee el directorio de estos grandes almacenes y di en qué planta compras estas cosas.

DIRECTORIO

6ª

CAFETERÍA, BUFFET LIBRE, RESTAURANTE, MUEBLES, LÁMPARAS

alfombras, tapicería, cortinas, papeles pintados, camas, mesas, toallas, cojines, mantelerías, colchones, almohadas, cuadros

5ª

HOGAR-MENAJE

cocinas, electrodomésticos, plantas, automóvil, saneamiento, limpieza, ferretería, ferretería jardín, baterías de cocina, club de la cocina, cristal, loza y porcelana

4ª

JUVENTUD, DEPORTES

lencería, corsetería, confección, punto, pantalones, camisería, faldas y blusas, ropa interior, sport, caza y pesca, golf, tenis, camping, gimnasia, atletismo, zapatería montaña

3ª

NIÑOS, NIÑAS. BEBÉS, JUGUETES, TEJIDOS

boutique de tejidos, confección, punto, camisería, lencería, ropa interior, complementos, pantalones, colegios, niños y niñas de 4 a 10 años, chicos y chicas de 11 a 14 años, zapatería infantil

2ª

CABALLEROS

boutique caballeros, confección, abrigos, baño, americanas, pantalones, ropa interior, punto, ante y piel, camisería, viaje, agencia de viaje, peluquería de caballeros, zapatería

1ª

SEÑORAS, ZAPATERÍAS

uniformes, confección, tallas especiales, abrigos, baño, pantalones, punto, ropa interior, futura mamá, sport, faldas y blusas, lencería, corsetería, batas, ante y piel, joyería y bisutería, perfumería, peluquería señoras

Ba

AUDIO-VISUAL, INFORMÁTICA

televisores, ordenadores, hi-fi, discos, cassettes, mini-disc, vídeo-juegos, calculadoras, relojes, vídeos, música, instrumentos, óptica 2000, revistas

So

SUPERMERCADO

carnicería, charcutería, lácteos, pescados y mariscos, alimentos congelados, frutas y verduras, platos preparados, pastelería, vinos y licores, panadería

1   Unos pantalones para mi hermano de trece años.
2   Una camisa para mi padre.
3   Naranjas.
4   Un cuchillo.
5   Unos zapatos para mi mujer.
6   Un vídeo-juego.
7   Una revista.
8   Un café.
9   Ropa para un bebé de tres meses.
10 Una cafetera para la cocina.

3   Escribir

Tu amigo español te escribe una carta y te hace varias preguntas. Escribe una carta y contesta.

Preguntas
¿Qué tiendas hay en tu pueblo/ciudad?
¿Qué horarios tienen las tiendas en tu país/ciudad?
¿Dónde compras la comida?
¿Cuándo haces las compras?
¿Qué comida compras para la semana?
¿Dónde compras la ropa?
¿Qué ropa compras?
¿Qué otras cosas compras para tu familia y tu casa?

Querido amigo:
En mi ciudad hay muchas tiendas y supermercados.

Rincón cultural

Productos típicos españoles
En España hay muchos productos típicos. En la charcutería se puede comprar chorizo, salchichón y jamón serrano; todos son productos del cerdo. Otro producto típico español, de gran calidad, es el aceite de oliva. El vino de España, sobre todo el de la región de Rioja, es muy bueno y famoso. También el 'cava', vino espumoso de Cataluña, similar al champán es excelente.

Autoevaluación

Ya sabes . . .
pedir fruta, carne y otros productos en varias tiendas (cantidad y peso).
preguntar el precio.
contar hasta 1.200.
los nombres de varias tiendas.
describir físicamente a una persona.
describir ropa.
decir a qué hora abren y cierran tiendas, cines y otros lugares.
decir a qué hora empieza y termina un espectáculo, una película, etc.

7

Repaso

Sección A *Más actividades*

1 Estas personas son de la capital de su país. Completa las frases. (Lección 1)

Bogotá	Montevideo	Managua
Santiago	Quito	Lima
La Habana	Asunción	Buenos Aires

1 Soy argentino, soy de Buenos Aires.

2 Soy paraguayo, soy de ....

3 Soy cubano, soy de ....

4 Soy peruana, soy de ....

5 Soy nicaragüense, soy de ....

6 Soy chilena, soy de ....

7 Soy colombiano, soy de ....

8 Soy ecuatoriana, soy de ....

9 Soy uruguayo, soy de ....

2 Lee los ingredientes de estas tres recetas. Marca dos ingredientes que no son correctos. (Lección 2)

1 Flan: leche, huevos, queso, aceite, azúcar, pimienta, caramelo

2 Tortilla de patata: huevos, patatas, azúcar, aceite de oliva, lechuga, cebolla, sal

3 Paella: arroz, pescado, mantequilla, pollo, sal, aceite, naranja

3 Escribe una carta a tu amigo con los siguientes datos. (Lección 3)

Querido amigo:
Yo/en Villanúa/de vacaciones.
Villanúa/norte/España.
Pueblo pequeño/bonito/en la montaña. Lejos/Madrid/450 kilómetros. Villanúa/dos mil habitantes.
Mi hotel/Calle Mayor/izquierda/al lado estación. Plaza Pirineos/iglesia interesante/derecha/museo.
Un abrazo:

4 En esta carta Pedro describe su piso en la ciudad y su apartamento en la playa. Dibuja los planos de cada uno y escribe los nombres de las habitaciones en los lugares correspondientes. (Lección 4)

Querida Ana:
Estos son los planos de mi piso en la ciudad y el apartamento en la playa. Los dos son bastante grandes. Entras en el piso y a la derecha está mi dormitorio. Al lado está el dormitorio de mis padres y enfrente de su dormitorio está el salón. El comedor está al lado del salón, enfrente de mi dormitorio. La cocina está al fondo del pasillo, a la derecha y el cuarto de baño está a la izquierda. Entras en el apartamento de la playa y a la

*izquierda está el dormitorio de mis
padres. Al lado está el salón. Enfrente
del dormitorio de mis padres está mi
dormitorio y al lado de mi dormitorio
está el comedor. Al fondo está el baño
a la izquierda. La cocina está al
fondo a la derecha. ¿Quieres venir a
visitarme? Te invito.
Un abrazo: Pedro*

5   Escribe el diálogo entre dos amigas:
Marisa hace preguntas a Isabel. Usa las
claves. (Lección 5)

MARISA: ¿hora/levantarse?
ISABEL: 07:00
MARISA: ¿hacer/todos los días?
ISABEL: ir universidad/estudiar
mañanas/comer universidad/trabajar
tardes/volver casa
MARISA: ¿hacer/tardes?
ISABEL: leer revistas/ver TV
MARISA: ¿hora/acostarse?
ISABEL: 23:30
MARISA: ¿hacer los fines de semana?
ISABEL: Sábados: comprar/salir amigos/cenar
restaurante/ir cine/bailar/acostarse
tarde
Domingos: levantarse tarde/dormir
hasta las doce/jugar fútbol/comer
casa/descansar

6   Encuentra la palabra extraña en cada frase
y escribe la palabra que corresponde del
cuadro en su lugar. (Lección 6)

flores	número	pelo
pendiente	blancos	marrones
~~ojos~~	jersey	gorra
camisa		

1   Carlos tiene pelo moreno y ~~pies~~ azules.
   ojos

2   Ana tiene ojos rubios y pelo negro.
   ....

3   Isabel tiene bigote largo y lleva un vestido
azul. ....

4   Rosa lleva un anillo en la oreja y unos
zapatos negros. ....

5   Pedro lleva una sandalia en el pelo y un
abrigo verde. ....

6   Fernando lleva falda blanca y jersey rojo.
   ....

7   Juan tiene dientes muy dorados y lleva un
sombrero grande. ....

8   Pepe lleva zapatos de talla 42 y un
pendiente en la oreja. ....

9   Elena lleva pantalones negros y un pollo
amarillo. ....

10   Felipe lleva una camisa de papel y un
abrigo largo. ....

Sección B *Más gramática*

1   Transforma el diálogo de **tú** a **usted**.
(Lección 1)

A   Hola, ¿qué tal? ¿Te llamas Pedro
González?

B   Hola, sí, me llamo Pedro González. ¿Y tú?
¿cómo te llamas?

A   Luis Martínez. ¿Qué tal? ¿Eres ingeniero,
Pedro?

B   Sí, soy ingeniero, ¿y tú, qué eres, Luis?

A   Soy arquitecto. ¿De dónde eres tú?

B   Soy de Barcelona, ¿y tú?

A   Soy de Madrid.

2 Pon los verbos en infinitivo en la forma correcta. (Lección 2)

1 Yo _____ (vivir) en Sevilla.

2 Yo _____ (tener) treinta años.

3 María no _____ (querer) café.

4 ¿Cómo se _____ (escribir) tu nombre?

5 ¿_____ (Haber) calamares?

6 ¿Y tú? ¿Cuántos años _____ (tener)?

7 ¿Cómo se _____ (llamar) tu padre?

8 ¿De dónde _____ (ser) tú?

9 ¿_____ (Vivir) Juan en Barcelona?

10 Yo _____ (ser) de Málaga.

3 Lee la carta y rellena los espacios en blanco. (Lección 3)

Querida amiga:
Yo 1 _____ en Sitges de vacaciones.
Sitges 2 _____ en el noreste de
España. Sitges 3 _____ un pueblo,
4 _____ grande y bonito. 5 _____
en la playa, 6 _____ cerca de
Barcelona. 7 _____ a treinta
kilómetros 8 _____ Barcelona. Sitges
9 _____ dieciséis mil habitantes. Mi
hotel 10 _____ en el paseo
Palmeras, a la derecha de la catedral.
En la plaza Cataluña 11 _____ un
museo interesante y a la derecha
12 _____ la estación.

4 Completa los espacios en blanco con el verbo correspondiente. Usa los verbos del cuadro en la forma correcta. (Lección 4)

estar	ser	tener	haber (hay)

A ¿Cómo 1 _____ tu nuevo piso?

B 2 _____ pequeño y cómodo, pero
3 _____ antiguo.

A ¿Dónde 4 _____ ?

B 5 _____ en el centro de la ciudad.

A Pero, ¿6 _____ en una zona tranquila?

B Sí, la zona 7 _____ tranquila.

A ¿Qué piso 8 _____

B 9 _____ el tercero.

A ¿Cuántas habitaciones 10 _____?

B 11 _____ tres dormitorios, dos
12 _____ muy pequeños y uno
13 _____ grande. También
14 _____ un salón, la cocina y un
baño. También 15 _____ una terraza,
16 _____ en el salón.

A ¿Y cómo 17 _____

B 18 _____ limpio y ordenado, pero no
19 _____ muebles.

5 Escribe las preguntas para estas respuestas. (Lección 5)

1 Vivo en España.
_____

2 Soy profesora.
_____

3 Juan empieza a trabajar a las nueve.
_____

4 Quiero vino tinto, por favor.
_____

5 María vuelve a casa a las siete de la tarde.
_____

6   Tengo 37 años.

    ....

7   Hago los deberes de español los lunes por
    la tarde.

    ....

8   Me levanto a las siete y media.

    ....

9   La tienda cierra a las ocho.

    ....

10 Juan sale de casa a las nueve.

    ....

6 Escribe los números en cifras. (Lección 6)

1   dos mil setecientos noventa y siete ....

2   ochocientos setenta y cinco ....

3   cinco mil cuatrocientos ochenta y dos ....

4   siete mil sesenta y uno ....

5   cuatro mil quinientos ochenta y tres ....

6   nueve mil trescientos trece ....

7   cinco mil doscientos once ....

8   mil setecientos sesenta y seis ....

9   diez mil cuarenta y dos ....

10 seis mil cincuenta y cuatro ....

Sección C *Test*

Completa el test. Tiene 100 puntos. Al final
repasa lo que no sabes.

1 Escribe cuatro saludos.

Ejemplo: *Buenos días.*   (2 puntos)

2 Escribe las preguntas.

Ejemplo: Soy Ana. ➔ *¿Quién es
usted?/¿Quién eres?*

1   Me llamo Teresa.
2   Soy profesora.
3   Soy de España.
4   Tengo 30 años.
5   Tengo un hermano.   (5 puntos)

3 Escribe la nacionalidad (masculino y
femenino).

Ejemplo: México ➔ *mexicano, mexicana*

1   Chile
2   Irlanda
3   Brasil
4   Venezuela   (2 puntos)

4 Escribe seis personas de la familia

Ejemplo: *la hermana*   (3 puntos)

5 Escribe los números de teléfono
siguientes.

Ejemplo: 49 22 10 ➔ *cuarenta y nueve,
veintidós, diez*

1   38 10 27
2   55 00 68
3   23 35 43   (9 puntos)

6 Escribe seis comidas.   (3 puntos)

7 Escribe seis bebidas.   (3 puntos)

8 Escribe la palabra que falta.

A   ¿1 .... patatas fritas?

B   No, no 2 .... patatas fritas.

A   ¿Qué 3 ....

B   Yo 4 .... jamón.

A   Pero no 5 .... jamón.   (5 puntos)

9 Escribe las palabras que corresponden.

Ejemplo: Sr. ➜ *señor*

1 Sra.   2 2º   3 Pza.   4 C/   5 Srta.
6 Avda.   (3 puntos)

10 Escribe tres datos de Zaragoza.
1   ¿Dónde está? (NE España)
2   ¿Habitantes? (800.000)
3   ¿Distancia de Madrid? (300 km)
                                    (3 puntos)

11 Escribe seis frases que indican dirección
       y posición.

Ejemplo: *a la derecha*   (6 puntos)

12 Completa el diálogo en el hotel.

Quiero una 1 .... individual con
2 .... para cinco 3 .... No
quiero media pensión, quiero 4 ....
sólo.   (? puntos)

13 Escribe las fechas.

Ejemplo: 8/5 ➜ *el ocho de mayo*

1 13/4   2 25/12   3 15/1   4 30/7
5 12/11   6 11/5   (6 puntos)

14 Escribe seis servicios que hay en un
       hotel.

Ejemplo: *bar-restaurante*   (3 puntos)

15 Escribe cuatro habitaciones de la casa.
                                    (2 puntos)

16 Escribe cuatro adjetivos para contestar
       estas preguntas.

1   ¿Cómo es la casa?
2   ¿Cómo está la casa?   (2 puntos)

17 Escribe seis actividades de la vida diaria.
                                    (3 puntos)

18 Escribe las horas

Ejemplo: 16.00 ➜ *Son las cuatro de la
tarde.*

1 15.30   2 10.45   3 07.40   4 19.15
5 13.05   6 22.25   (6 puntos)

19 Escribe seis cualidades de una persona.

Ejemplo: *tranquilo*   (3 puntos)

20 Escribe seis colores.   (3 puntos)

21 Escribe seis nombres de tiendas.
                                    (3 puntos)

22 Completa las frases.

Ejemplo: un .... azúcar ➜ *un
paquete de azúcar*

1   una .... de sardinas

2   una .... de leche

3   media .... de huevos

4   un .... de mermelada

5   una .... de galletas

6   un .... (= 250g) de jamón
                                    (3 puntos)

23 Escribe estos números en cifras.

Ejemplo: cinco mil setecientos ➜ *5.700*

1   dos mil ochocientos diez ....

2   trescientos cuarenta ....

3   cinco mil quinientos noventa y cinco ....

4   seiscientos setenta ....

5   tres mil ciento dos ....

6   siete mil novecientos cincuenta y tres

....   (6 puntos)

24 Escribe dos objetos que compras en cada tienda.

1   farmacia: ....

2   estanco: ....

3   papelería: ....

4   droguería: ....

(4 puntos)

25 Escribe seis artículos de ropa.   (3 puntos)

26 Escribe seis adjetivos que describen físicamente a una persona.   (3 puntos)

27 Completa las frases.

1   La tienda .... a las nueve de la mañana y .... a las ocho de la tarde.

2   La película .... a las siete y .... a las nueve.

(4 puntos)

Total: _____ /100 puntos

8

¿Qué te gusta?

Sección A *Actividades*

1 Mira los dibujos y escribe frases.

1 ✔ <u>Me gusta el queso.</u>

2 ✔ ....

3 ✔ ....

4 ✔ ....

5 ✔ ....

6 ✘ <u>No me gustan los tomates.</u>

7 ✘ ....

8 ✘ ....

9 ✘ ....

10 ✘ ....

11 ✔ ....

12  ✔ ....

2 Estas personas quieren compartir piso. Escriben a una agencia. Lee sus fichas y une a las personas que tienen algo en común.

A Ana Ramírez
- Le gusta mucho bailar.
- Le gusta hacer las compras.
- Hace ejercicio pero no hace deportes.
- Tiene un gato.

B María Soto
- Le encanta leer novelas clásicas.
- Hace mucho deporte.
- Le encanta el cine comercial.
- Sale mucho.

C Ana Martín
- Le gusta la música rock pero sólo cuando está sola.
- Le gusta el cine, pero no va mucho.
- Le gusta leer novelas.
- No le gusta bailar.

D Javier García
- No le gustan los deportes.
- No le gusta hacer las compras.
- No tiene animales pero le gustan.
- Le encantan las discotecas.

E Juan Domínguez
- Le gusta el cine y la televisión.
- Le encanta la música pop pero no la música clásica.
- Odia las discotecas.
- Le gusta leer las noticias.

F Fernando Gil
- No sale mucho: le gusta estar solo.
- Le gusta hacer ejercicio.
- Le gusta el teatro: le gusta actuar.
- Le gusta leer novelas policíacas.

3 Tú eres María Soto de la actividad anterior. Lee la ficha y escribe una carta a tu compañero de piso con los datos de la ficha.

Querido amigo/a:
Me llamo María y quiero compartir tu piso. Creo que tenemos muchas cosas en común. Me encanta leer novelas clásicas . . .

Sección A *Gramática*

¡Atención! o

me, te, le, nos, os, les gusta/gustan

Me gusta el café. **Me gustan** las patatas fritas.

me encanta/me encantan
me interesa/me interesan

Ejercicios

1 Completa las frases con **me gusta** o **me gustan**.

1 .... el vino tinto.

2 .... las fresas.

3 .... estudiar español.

4 .... los gatos.

5 No .... los ratones.

6 .... la ensalada de tomate.

7 No .... el té solo.

8 .... ir al cine.

9 .... las películas cómicas.

10 No .... ver la televisión.

2 Completa el diálogo. Usa **gustar**, **encantar** o **interesar** en la forma correcta.

JUAN   María, ¿qué comida 1 .... más?

MARÍA   2 .... la paella, también 3 .... mucho el pescado.

JUAN   ¿Y qué fruta 4 .... ?

MARÍA   5 .... las manzanas, pero sobre todo 6 .... las fresas.

JUAN   ¿Qué bebidas 7 ....

MARÍA   8 .... muchísimo los zumos de frutas, pero también 9 .... la leche, no 10 .... el café. Ah, y 11 .... el champán, es mi bebida favorita.

JUAN   ¿Qué libros 12 .... ?

MARÍA   13 .... los libros románticos y de misterio, pero 14 .... las biografías, 15 .... mucho los políticos.

JUAN ¿16 .... ver la televisión?

MARÍA No mucho, pero los programas documentales 17 .... , si son buenos.

3 Pon en orden las frases.

1 gusta la mucho me playa
2 las no gustan manzanas me
3 España le ir mucho gusta a
4 ¿las te discotecas gustan?
5 restaurantes comer le en gusta no
6 ¿gustan deportes los invierno te de?
7 de las gustan películas me terror
8 las discotecas me bailar en gusta no

Sección A *Ampliación*

Instrumentos.

Usa el diccionario, si es necesario.

la batería	el teclado	la flauta
el violín	el saxofón	la guitarra
la trompeta	el piano	

Vocabulario para la diversión.

Usa el diccionario.

cine	la entrada, la butaca, la sesión, el actor, la actriz, el director, la directora
teatro	la obra, el escenario, el actor, la actriz, el autor, la autora
televisión	el televisor, el programa, el documental, las noticias
juegos	(jugar a) las cartas, (jugar al) ajedrez, juegos de ordenador, vídeo-consola

Sección B *Actividades*

1 Lee estas opiniones de varias personas sobre sus ciudades y clasifícalas en el cuadro.

1 La gente es muy agradable.
2 Hay muchos árboles.
3 Hay demasiadas personas.
4 Hay pocos semáforos.
5 Hay mucho ruido.
6 Hay demasiados coches.
7 Hay pocas rampas para las sillas de ruedas.
8 Hay muchas flores y plantas.
9 Los autobuses tienen aire acondicionado.
10 Hay mucha contaminación.
11 Los coches van demasiado rápido.
12 No hay parques.
13 Hay un estadio de fútbol muy grande.
14 Hay pocas tiendas.
15 No hay lugares para practicar el deporte.
16 Las calles están sucias.
17 No hay muchos pasos de cebra.
18 Los autobuses son baratos.
19 Los bancos están rotos.
20 No hay piscina pública.

	puntos positivos	puntos negativos
medio ambiente		
habitantes	1	
tráfico		
transporte		
servicios		

2 Lee el folleto con información sobre Ciudad de México. Contesta las preguntas.

Ciudad de México es la capital del país de México y es una ciudad muy grande. En ella hay muchos lugares y monumentos interesantes para los turistas. Hay muchos cines, teatros, bares, cafeterías, discotecas, y también hay muchas tiendas. Hay varios museos y salas de arte, como el Museo Nacional de Antropología, con importantes objetos prehispánicos; también está el Museo de Arte Moderno y el Museo de Historia Nacional. El Museo Mural Diego Rivera es el museo del famoso pintor mexicano. Para el turista hay espectáculos culturales y de tradición popular, como las actuaciones del Ballet Folklórico de México en el palacio de Bellas Artes. La ciudad de México tiene un gran número de lugares y monumentos de interés del gran imperio azteca. La Ciudad de México es muy grande. Viven aproximadamente 18 millones de personas en la ciudad y sus barrios. Hay muchos medios de transporte. Hay varios tipos de autobuses que se llaman 'camiones' y 'peseras'. También hay taxis y metro. La música es muy popular en México. El Mariachi es un estilo de música muy popular en todo el país de México. Una fiesta muy importante es el Día de la Independencia, el 15 y el 16 de septiembre. Es una fiesta nacional.

1 ¿Cómo es Ciudad de México?
2 ¿Qué hay en el Museo Nacional de Antropología?
3 ¿Quién es Diego Rivera?
4 ¿Qué hay en el palacio de Bellas Artes?
5 ¿Qué tiene México de historia?
6 ¿Cuál es la población de Ciudad de México?
7 ¿Cómo se llaman los autobuses de Ciudad de México?
8 ¿Qué es el Mariachi?
9 ¿Cuándo es el Día de la Independencia?
10 ¿Qué tipo de fiesta es el Día de la Independencia?

3 Escribe una carta a tu amiga mexicana sobre tu ciudad/pueblo. Contesta sus preguntas.

1 ¿Cómo se llama tu ciudad/pueblo?
2 ¿Dónde está?
3 ¿Cómo es?
4 ¿Te gusta?
5 ¿Qué te gusta más de tu ciudad?
6 ¿Qué te gusta menos de tu ciudad?
7 ¿Qué hay en tu ciudad? ¿Hay mercados, museos, tiendas, parques, monumentos, etc.?
8 ¿Cómo son las tiendas, los parques, los museos, los mercados, los monumentos?
9 ¿Qué hay en estos lugares?
10 ¿Cómo es la gente?

Sección B *Gramática*

¡Atención!

me/te/le/nos/os/les + gusta/gustan

verbos: ser, estar, haber (hay), tener, gustar, encantar, cerrar

preposiciones: a, de, en, con, por

Ejercicios

1 Rellena los espacios en blanco de estos textos sobre Londres y Madrid.

A Vivo en Londres. **1** _____ muy grande, quizás demasiado grande y viajar por la ciudad **2** _____ difícil. Lo bueno de Londres **3** _____ sus parques: **4** _____ mucho y **5** _____ muchos. También

6 .... muchos teatros y
7 .... preciosos. Me 8 ....
ir al teatro en Londres. Pero las calles de
Londres 9 .... muy sucias. No me
10 .... la suciedad. Y las tiendas
11 .... muy temprano.

B Vivo en Madrid. Me 1 .... mucho
la vida nocturna. 2 .... mucho
ambiente en la ciudad. La gente
3 .... muy simpática. 4 ....
una capital muy bonita. Lo único que
no me 5 .... es la contaminación
y el clima. En verano las temperaturas
6 .... muy altas.

2 Elige el pronombre adecuado para cada
persona: **Me, Te, Le, Nos, Os** o **Les.**

1 yo   Me gusta el café con leche.
2 ella   .... gusta el vino.
3 nosotros   .... gusta la música.
4 ellas   .... gustan los gatos.
5 tú   .... gustan los plátanos.
6 vosotros   .... gusta el cine.
7 yo   .... gustan los animales.
8 él   .... gustan las películas
            de misterio.
9 nosotras   .... gusta el teatro.

3 Pon la preposición correspondiente en los
espacios en blanco. Elige las preposiciones
del cuadro **¡Atención!** en la página 56.

1 Me gusta pasear .... el parque.
2 No me gusta trabajar .... mi oficina.
3 Me encanta vivir .... Barcelona.
4 Nos gusta ir .... la playa.

5 Le gusta salir .... los amigos.
6 Las tiendas .... la ciudad cierran
pronto.
7 Me gusta viajar .... la ciudad
.... autobús.
8 La gente .... Madrid es muy simpática.
9 Salgo .... la oficina muy tarde.

Sección B *Ampliación*

Más señales de tráfico.

Usa el diccionario, si es necesario.

Prohibido adelantar   Encender los faros
Velocidad limitada   Peatones
Ceda el paso   Obras

Sección C *Actividades*

1 Lee la carta de unos amigos que están de
vacaciones. Indica si las frases son
verdaderas (✓) o falsas (✗).

¡Hola!
¡Estamos de vacaciones en la
montaña! Es estupendo. Todos los días
vamos de excursión. Subimos a la
montaña, llevamos la comida y
comemos en el campo. Visitamos los
pueblos de la zona y hacemos muchas
fotos porque los monumentos son
fantásticos, hay muchas iglesias y
castillos. Tenemos muchos amigos y
salimos con ellos por las tardes –
cenamos juntos, tomamos copas y
vamos a la discoteca del pueblo. Los
niños están muy contentos, también
tienen muchos amigos, juegan mucho y

van con ellos en bicicleta por el campo. En el pueblo hay una piscina y nos bañamos a veces, pero el agua está muy fría. La comida es excelente, generalmente cenamos en un restaurante pequeño que tienen unos amigos y cocinan muy bien. No queremos volver a la ciudad, preferimos vivir aquí, pero tenemos que volver pronto a la oficina. ¡Qué pena!

Hasta pronto, Jorge, Ana y los niños.

1 Están en la playa. ❑
2 Les gusta estar de vacaciones. ❑
3 Durante las excursiones, llevan comida. ❑
4 Visitan los monumentos. ❑
5 No hay nada que hacer en el pueblo. ❑
6 A los niños no les gustan las vacaciones. ❑
7 Los niños van en bicicleta en el pueblo. ❑
8 El agua de la piscina no está caliente. ❑
9 La comida no es buena. ❑
10 Tienen que volver para trabajar. ❑

2 Lee el diálogo entre María Jesús y Rosa y completa los espacios en blanco. Usa los verbos del cuadro en la forma correspondiente.

salir (x4)	pasar (x2)	empezar
reunir	tomar	ir (x2)
trabajar		

MARÍA Los fines de semana 1 .... por ahí. Para mí el fin de semana 2 .... el sábado por la tarde ya que el sábado por la mañana 3 .... Por la tarde nos 4 .... todos los amigos en un

bar y 5 .... por ahí, 6 .... copas en los bares, 7 .... a la discoteca y después 8 .... a dormir a casa a las seis o las seis y media de la mañana. El domingo 9 .... por la mañana a tomar vermut y por las tardes también 10 .... de bares, a la discoteca o al cine.

ROSA Lo 11 .... muy bien, ¿no?

MARÍA Sí, lo 12 .... muy bien.

3 Vas a una conferencia durante tres días. Lee el programa de actividades de la conferencia. Escribe una carta a tu amigo (con los verbos en plural).

08:00	desayuno	15:30	sesión plenaria
09:00	sesión plenaria	16:15	sesiones en grupo (A)
09:30	primera conferencia	17:00	descanso (refrescos)
11:00	café	17.30	sesiones en grupo (B)
11:30	reunión de grupos	19:00	descanso
12:30	segunda conferencia	21:00	cena
13:30	aperitivo	22:30	baile
14:00	comida		

Querido Luis:
La conferencia es muy interesante. Nos levantamos pronto porque a las ocho . . .

Sección C *Gramática*

¡Atención!

Presente plural: la 1ª y la 2ª personas en plural son siempre regulares: empezamos, cerráis

Infinitivos: ir, venir

gustar + infinitivo: **Me gusta** ir al cine.

Ejercicios

1 Transforma las frases. Usa **gustar**.

1 ¿Vas al teatro?   *¿Te gusta ir al teatro?*

2 Voy al cine.

3 Siempre compra en el mercado.

4 Tomamos un café por la tarde.

5 ¿Salís los domingos por la tarde?

6 Comen en este restaurante.

7 Nado en la piscina todos los días.

8 Trabaja por la noche.

9 ¿Leéis libros españoles?

10 Beben vino tinto.

11 ¿Estudias español?

2 Busca en la 'Sopa de letras' diez verbos en plural (en la primera persona). Si necesitas ayuda, mira en el cuadro los infinitivos de los verbos que hay en la 'Sopa'.

salir	cenar	comer
ver	ir	estar
beber	leer	tener
vivir		

A	T	P	O	I	C	K	G	A	H
B	E	B	E	M	O	S	U	H	I
N	N	A	V	E	M	O	S	Z	B
Y	E	D	A	E	E	S	T	L	V
E	M	Q	M	F	M	R	J	E	I
X	O	D	O	J	O	L	K	E	V
M	S	W	S	M	S	V	F	M	I
E	S	T	A	M	O	S	L	O	M
T	R	C	E	N	A	M	O	S	O
B	C	C	S	A	L	I	M	O	S

3 Pon las frases en plural.

1 Yo voy al cine.
Nosotros vamos al cine.

2 ¿Vas mucho al teatro?

3 Lees muchos libros.

4 Salgo mucho.

5 Baila todos los sábados.

6 Vivo en un apartamento.

7 ¿Vas al centro?

8 Tiene tres gatos.

9   Como en el mismo restaurante.

_____

10   Siempre bebe agua.

_____

11   Trabajo mucho.

_____

Sección C _Ampliación_

Vocabulario deportivo.

Usa el diccionario, si es necesario.

la portería	el equipo	la raqueta
el casco	el jugador	el palo
la bicicleta	el bañador	la canasta
el impermeable	la pelota	el balón
la pista		

Repaso de toda la lección

1   Más gramática
     Ver página 113 en Lección 14.

2   Leer
     Lee estos textos sobre cómo gastan su
     dinero estas personas. Une los textos con
     las categorías correctas.
     Nota: Hay más de una persona por cada
     categoría.

a   comer en un restaurante
b   revistas y libros
c   el jardín
d   discos y conciertos de música
e   las discotecas
f   la ropa
g   los deportes
h   viajar
i   salir, tomar copas
j   el coche

1   Javier
Me gusta mucho viajar por los países
exóticos. Me gusta mucho el Caribe, sobre
todo Santo Domingo y Cuba. También
hago mucho deporte. Gasto mucho dinero
en el equipo para esquiar, y jugar al tenis.
También hago ciclismo y me gusta comprar
bicicletas nuevas.

2   Pilar
Casi no como en casa. Siempre llamo a una
amiga o a unos amigos para comer o cenar
fuera. Me gusta mucho cocinar comida
exótica. También paso mucho tiempo en mi
jardín. Me gusta viajar, pero no tengo
tiempo.

3   José Luis
Gasto mi dinero en el gimnasio, en los bares
con mis amigos y en los viajes. Cada fin de
semana viajo si puedo. No intento ahorrar.
El dinero es para gastarlo.

4   Carmen
Me encanta la música. Compro muchos
discos y gasto un montón en conciertos de
todo tipo. También viajo y leo muchas
revistas.

5   Federico
Gasto demasiado en ropa. Voy a las mejores
tiendas de diseño y siempre compro más de
lo que debo comprar. ¿Y dónde llevo la
ropa? Pues en las discotecas. Voy cada fin de
semana. Son caras y gasto mucho. También
me gusta mucho el coche. Lo cuido mucho
y gasto mucho en mantenerlo.

6 Julio

Salgo mucho por las noches. La mayoría de las noches, termino mi trabajo y no voy a mi casa hasta muy tarde. Me quedo en el centro de la ciudad para cenar, tomar unas copas, o ir al cine. A mediodía también como en restaurantes buenos. El coche cuesta mucho y gasto mucho en él.

3 Escribir

Quieres encontrar a una persona para hacer un viaje juntos. Completa la ficha con tu información.

Nombre	....
Apellidos	....
Nacionalidad	....
Dirección	....
Profesión	....
Edad	....
Personalidad	....
¿Qué te gusta?	....
¿Qué no te gusta?	....
Actividades de tiempo libre	....

Rincón cultural

Salir de juerga

A los españoles les gusta mucho salir de casa a divertirse. Los bares y las cafeterías son muy populares en España; hay muchísimos y la mayoría están llenos de gente durante todo el día y gran parte de la noche, los siete días de la semana. Se puede tomar café, refrescos o alcohol, se puede comer. Allí pasan las tardes familias enteras, con niños incluidos. Mucha gente sale de paseo y a tomar algo casi todas las tardes. Los bares y las cafeterías abren durante la mayor parte del día y hasta muy tarde por la noche.

Y después podemos ir a las discotecas. Las discotecas abren a la una o las dos de la mañana y cierran a las seis de la madrugada o más tarde.

A los españoles les encanta salir de juerga por la noche, a veces hasta el día siguiente.

Autoevaluación

Ya sabes . . .

decir lo que te gusta y lo que no te gusta.

hablar y escribir sobre tus aficiones.

hablar y escribir sobre tu ciudad/pueblo.

hablar y escribir sobre tu tiempo libre.

decir lo que haces tú y otras personas (usando verbos en plural).

9

¿Quieres salir?

Secciones A y B *Actividades*

1 Une las actividades de la lista A con las de la lista B. Usa **porque** para unirlas.

Lista A	Lista B
1 Estoy cansado/a	hago mucho deporte.
2 Estoy sano/a	trabajo mucho.
3 Estoy triste	estoy enfermo/a.
4 No voy al trabajo	mi amiga está enfadada.
5 No voy al cine	estoy resfriado/a.
6 Estoy contento	tengo mucho dinero.

2 Lee y ordena el diálogo.

a Elena: Muy bien, gracias. ¿Quieres ir a bailar esta noche?
b Elena: Entonces, voy a tu casa.
c Pedro: Sí, hasta el sábado.
d Pedro: Pues, estoy muy cansado.
e Pedro: Pero . . . tengo mucho trabajo.
f Pedro: Hola, Elena. ¿Qué tal estás?
g Pedro: Dígame.
h Elena: ¿Qué te pasa?
i Pedro: Estoy resfriado y tengo fiebre.
j Elena: Hola, Pedro. Soy Elena.
k Pedro: No, no, estoy enfermo.
l Elena: ¿Pues, vamos al cine?
m Elena: Bueno, entonces te llamo el sábado.

3 Lee las cartas de una revista del corazón y une los problemas con los consejos.

Problemas
1 Mis padres no me dejan salir por la noche.
2 Estoy muy triste porque no tengo amigos.
3 Mi novia me abandona por otro hombre.
4 Siempre estoy enfermo y resfriado.
5 Fumo demasiado.
6 Como mucho, pero estoy demasiado delgado y débil.
7 Mi hijo siempre está triste y solo.
8 No tengo trabajo, ni dinero.
9 Tengo muchos exámenes y estoy muy nervioso.
10 Estoy muy enfadado con mi hermano.

Consejos
a Tienes que salir con tus amigos y amigas.
b Tienes que hablar con él.
c Tienes que tomar más fruta, sobre todo naranjas.
d Tienes que hablar con ellos.
e Tienes que leer los anuncios del periódico.
f Tienes que tomar té relajante, de hierbas.
g Tienes que comer mucho más y tomar vitaminas.
h Tienes que ir a acupuntura.
i Tienes que llevarlo a un club de jóvenes.
j Tienes que ser más abierta.

Secciones A y B *Gramática*

¡Atención!

verbo **estar**: estoy, estás, está, estamos, estáis, están

estar + adverbio: **estoy** bien/mal/regular

estar/ser + adjetivo

personalidad: ser (**es** inteligente)

estado temporal: estar (**está** triste)

tener que + infinitivo

Ejercicios

1 Rellena los espacios en blanco en los diálogos siguientes.

1 A ¿Qué tal .... tus hijos?

B .... bien.

2 A ¿Cómo .... tú?

B .... mal.

3 A ¿ .... enfermos tus hermanos?

B Sí, ... resfriados.

4 A ¿Qué tal .... vosotros?

B Nosotros .... cansados.

5 A Yo .... muy bien. Y usted, ¿cómo ....

B .... muy bien también, gracias.

6 A ¿Cómo .... Pedro?

B .... regular.

2 Transforma las frases.

1 Comes pescado.
   Tienes que comer pescado.

2 Hacéis deporte.

3 Van a la oficina en autobús.

4 Salen pronto.

5 Vienes mañana.

6 Desayuno bien por las mañanas.

7 Leemos este libro.

8 Vosotros venís con Marta.

9 Compro este abrigo.

10 Vemos la película.

11 Llegas pronto al trabajo.

3 Completa las frases con **ser** o **estar** en la forma correcta.

1 Fernando .... cansado.

2 Luisa .... inteligente.

3 Yo .... enfermo.

4 Los chicos .... simpáticos.

5 Nosotros .... enfadados.

6 La chica .... interesante.

7 Tú .... optimista.

8 Yo .... contento.

9   ¿Vosotras _____ tristes?

10   Nosotros _____ perezosos.

Secciones A y B *Ampliación*

Otros adjetivos que van con **estar**.

Usa el diccionario, si es necesario.

enamorado/a	deprimido/a
ocupado/a	alegre
interesado/a	loco/a
aburrido/a	entusiasmado/a

Sección C *Actividades*

1   Pon cada expresión en la categoría correspondiente.

Invitación	Aceptar	Negar	Excusas

1   No me gusta esta película.
2   De acuerdo.
3   ¿Te apetece venir a la playa?
4   ¿No te gustaría ir al cine?
5   Estupendo.
6   Lo siento.
7   Me gustaría.
8   Estoy enferma.
9   Es imposible.
10   ¿Por qué no vamos allí?
11   No me apetece.
12   Me encantaría, pero estoy mal.
13   Vale.
14   No puedo.

15   Es difícil.
16   ¡Qué lástima!
17   ¡Claro!
18   ¿Vamos al teatro?

2   El señor Pérez recibe varios mensajes, por correo electrónico, de estas personas. Completa el cuadro para cada uno.

	1	2	3	4
Lugar original				
Día				
Hora				
Problema/excusa				
Alternativa				

1   La conferencia del viernes a las diez, en el hotel San Juan, está cancelada. Hay otra conferencia similar el sábado a las 9.30 en el mismo hotel. ¿Le gustaría asistir a esta conferencia? Puedo reservar habitación en el hotel para el viernes por la noche en lugar de para el jueves. ¿Puede confirmarlo antes de las cinco de esta tarde? Gracias.

2   ¿Podemos ir mañana a cenar con vosotros? Hoy es un poco difícil porque la niña está enferma y tiene fiebre. Además a las nueve es muy tarde porque tengo que trabajar mañana. ¿Vamos a las ocho mañana? Hasta luego. Pepe

3   No es posible tener la reunión con ustedes esta tarde a las cuatro porque mi socio y yo

tenemos que hacer un viaje urgente. ¿Pueden ustedes organizar la reunión para el miércoles próximo a las once y media de la mañana? Gracias.

4 ¿Podemos hablar a mediodía durante la comida? Esta tarde tengo que salir antes de la oficina para ir al dentista y no puedo hablar contigo a las cuatro y media. Es urgente y no puedo dejarlo para mañana. ¿Está bien?

3 Escribe tú mensajes similares. Utiliza la información.

1

Lugar original	reunión – oficina señora Rodríguez
Día	lunes
Hora	15:30
Problema/excusa	Visita del director general
Alternativa	reunión, tu oficina, martes, misma hora

2

Lugar original	cena – Restaurante Tres Globos
Día	viernes
Hora	21:00
Problema/excusa	trabajar muy tarde
Alternativa	el viernes próximo

3

Lugar original	entrevista – oficina del Sr. López
Día	jueves
Hora	16:30
Problema/excusa	una cita muy importante en el hospital
Alternativa	un día de la semana próxima

Sección C *Gramática*

¡Atención!

conmigo, contigo, con él/ella/usted, con nosotros/as, con vosotros/as, con ellos/ellas

querer/poder + infinitivo

me/te/le/nos/os/les + gustaría/encantaría

Nota: es la misma construcción que **me gusta** y **te encanta**, con los mismos pronombres; añade -**ría**: me gusta ➜ **me gustaría**; me encanta ➜ **me encantaría**.

Ejercicios

1 Usa los pronombres personales después de **con**.

1 A ¿Vas a la fiesta con Juan?

   B No, no voy con *él*.

2 A Voy al cine, ¿te gustaría venir con .... ?

   B Sí, me gustaría mucho ir al cine con ....

3 María, no puedo salir con .... ; mis padres llegan esta tarde y quiero estar con ....

4 A ¿Tú vas de vacaciones con Juan? Puedo ir yo también con .... ?

   B Sí, claro, puedes venir con ....

5 A ¿Sales con Ana esta tarde?

   B No, no salgo con ....

6   **A** ¿Sales con Luis y Juan?

   B Sí, salgo con ....

7   **A** ¿Estás enfadado con ....? Yo soy tu amigo.

   B No, no estoy enfadado con .... , estoy enfadado con tu hermano.

8   **A** Juan y yo vamos a la playa, ¿vienes con .... ?

   B No, Isabel y Teresa van a la montaña y voy con ....

2 Escribe las frases correctamente: usa las formas con **-ría**. Sustituye los pronombres entre paréntesis por **me/te/le/nos/os/les**.

1   (yo) gustar/ir al cine
Me gustaría ir al cine.

2   (él) interesar/estudiar español

3   (nosotros) encantar/ir a esquiar

4   ¿(tú) gustar/venir/a la piscina?

5   (yo) interesar/escribir/libros

6   ¿(vosotros) gustar/venir a casa?

7   (ella) encantar/visitar Colombia

8   ¿(usted) gustar/hablar español perfectamente?

9   (ellos) encantar/viajar por Sudamérica

10 ¿(ustedes) interesar/comprar la casa?

11 ¿(tú) gustar/tener más amigos?

3 Escribe los verbos **querer** o **poder** en las formas correspondientes en estas frases. Los dos son posibles en algunos casos.

1   **A** Marta, ¿ .... venir al parque?

   B Lo siento, no ....

2   **A** ¿ .... ir Juan a la reunión de mañana?

   B No .... , está ocupado.

3   **A** ¿ .... ir de vacaciones con tus padres?

   B No .... ir con mis padres, prefiero ir con mis amigos.

4   **A** Nosotros no .... ir a clase, ¿ .... ir vosotros?

   B No, nosotros no .... ir tampoco, tenemos mucho trabajo.

5   **A** ¿Por qué no .... ir tus hijos al zoo?

   B No .... porque no les gusta.

Sección C *Ampliación*

De fiesta.

Usa el diccionario, si es necesario.

una boda
una fiesta de cumpleaños
una fiesta de fin de curso/de carrera
una fiesta de fin de año
una despedida de soltero/a
una juerga

Secciones D y E *Actividades*

1 Hoy es sábado y es tu cumpleaños. Lee la agenda y escribe una carta a tu amigo/a sobre lo que vas a hacer hoy.

08:00	levantarme
08:30	desayunar
09:30	comprar bebida y comida para la fiesta
11:30	café con Alicia en el bar Miguel
12:15	llamar a Ángel para organizar los discos
14:00	comida con mis padres y tíos en el restaurante Tres Globos
17:00	encontrar a Ana y a Juanjo
17:30	comprar ropa para la fiesta, con Ana y Juanjo
18:30	descansar en casa
20:15	encontrar a mis amigos en el bar Teruel
21:30	cenar restaurante con varios amigos
23:00	fiesta en casa con muchos amigos

Carta

Querido amigo:
Hoy es un día especial, es mi cumpleaños. Por la mañana . . .

2 Pon en orden el diálogo

a Ah, sí, pero eso es para el miércoles, la entrada cuesta mitad de precio. Hoy es martes.

b La próxima sesión es a las 9.30.

c Sí, hay otra sesión a las 11.30.

d ¿Dónde las quiere?

e Son doce euros.

f Aquí tiene. Doce euros.

g Perdone. Bueno, deme dos entradas para la sesión de las 9.30.

h Pues, si es posible en las filas de atrás, en el centro.

i Por favor, ¿a qué hora empieza la película?

j Gracias.

k ¿Hay sesiones más tarde?

l Pero aquí pone seis.

m ¿Cuánto cuesta la entrada?

3 Selecciona la palabra adecuada del cuadro para cada frase. Escribe una exclamación con la palabra y con ¡Qué   ! ¡Atención! Las palabras cambian si son adjetivos: **aburrido → aburridas.**

elegante	emocionante	~~bonito~~
triste	interesante	aburrido
largo	malo	perezoso

1 Me gusta el cuadro.   ¡Qué bonito!

2 No me gustan las películas de este director.   ....

3 El viaje dura siete horas.   ....

4 Los museos no me interesan nada.   ....

5   La novela tiene un final
    muy misterioso.   ....

6   Este pintor pinta
    cuadros abstractos.   ....

7   Estos vestidos me
    encantan.   ....

8   Mis hijas no estudian
    nada.   ....

9   Esta obra es muy
    trágica.   ....

Secciones D y E *Gramática*

¡Atención!

ir a + infinitivo: **Voy a cenar**, **Voy a ir** al cine

Pronombres reflexivos detrás del infinitivo: Voy a levantar**me**.

(Nota: también es posible: **Me** voy a levantar)

Exclamativo: ¡Qué . . ! + adjetivo ➜ ¡**Qué** bonito!
                    + nombre ➜ ¡**Qué** suerte!

Ejercicios

1 Pon los verbos en la forma de futuro: **ir a** + infinitivo.

1   Ceno con mi familia.
    Voy a cenar con mi familia.

2   Hago los deberes de español.
    ....

3   Llegas tarde.
    ....

4   La tienda cierra.
    ....

5   Tengo un examen.
    ....

6   Estudiamos la lección.
    ....

7   Salgo de casa.
    ....

8   Escribes una carta.
    ....

9   ¿Vais de viaje?
    ....

10 ¿Empieza la película?
    ....

11 Ven la película.
    ....

2 Escribe las frases siguientes en el futuro (**ir a** + infinitivo).

¡Atención: los verbos son reflexivos!

1   Me acuesto pronto.
    Voy a acostarme pronto.

2   Me levanto pronto.
    ....

3   Se acuestan tarde.
    ....

4   ¿Te duchas después?
    ....

5   Se lava los dientes.
    ....

6   Nos bañamos en la piscina.
    ....

7   ¿Os vestís para la fiesta?
    ....

8 Me peino con este peine.

9 Se afeita ahora.

3 Transforma las frases.

1 La música es bonita, ¿verdad?
Sí. ¡Qué bonita!/
¡Qué bonita es la música!

2 El ejercicio es difícil, ¿verdad?

3 La película es muy larga, ¿verdad?

4 El programa es muy malo, ¿verdad?

5 El libro es interesante, ¿verdad?

6 La montaña es enorme, ¿verdad?

7 La música es muy buena, ¿verdad?

8 El coche es rápido, ¿verdad?

9 El hombre es fuerte, ¿verdad?

Secciones D y E *Ampliación*

Lecturas: tipos de revistas.

Usa el diccionario, si es necesario.

revistas del corazón	de moda
de deportes	del hogar
de vídeo-juegos	de ciencia-ficción
de economía y política	geográficas
de negocios y de empresa	literarias

Repaso de toda la lección

1 Más gramática

Ver página 114 en Lección 14.

2 Leer

Tiempo libre en Buenos Aires, Argentina: lee la guía del ocio y contesta las preguntas.

Buenos Aires es una ciudad cosmopolita con mucho ambiente y con mucha historia. Está en el estuario del río de La Plata en el este del país. La plaza de Mayo, cerca de la costa, es el centro histórico de esta ciudad de 12 millones de habitantes. Hay muchos centros comerciales. Los hoteles, restaurantes, teatros, y las casas lujosas, están cerca de la plaza, al norte y al oeste. También hay rascacielos modernos de oficinas y apartamentos. Buenos Aires es una ciudad de avenidas anchas. La Casa Rosada, donde vive el presidente del gobierno, y el Congreso Nacional, están cerca de la plaza de Mayo. Al sur está el barrio obrero de La Boca. Hacia el norte están los parques de la ciudad, y dos hipódromos. En la costa del río de la Plata hay casas grandes. La ciudad tiene 92 centros universitarios con 300.000 estudiantes. El turista debe visitar la Catedral metropolitana, la iglesia de San Ignacio y la basílica de Nuestra Señora del Pilar. También debe visitar el Teatro Colón, uno de los grandes teatros de ópera del mundo, y el Zoológico. Buenos Aires tiene un jardín botánico muy bonito.

1 ¿Dónde está Buenos Aires?
2 ¿Cuál es el centro de la ciudad?
3 ¿Cuántos habitantes tiene la ciudad?
4 ¿Cómo es Buenos Aires?
5 ¿Qué hay en Buenos Aires?
6 ¿Qué es la Boca?
7 ¿En qué zona de la ciudad están los parques?
8 Menciona tres monumentos que puedes visitar.

3   Escribir

Completa el formulario.

ENCUESTA

¿QUIÉN ES USTED AMIGO LECTOR?

Nos interesa conocer mejor los gustos, costumbres y preferencias de los 250.000 aficionados al cine y al vídeo que, según el Estudio General de Medios, nos leen cada mes. Por ello, le rogamos conteste a este cuestionario. A partir de sus respuestas, podremos incorporar o modificar temas o secciones y seguir así conectados de cerca con el interés del lector.

Entre quienes contesten a nuestra encuesta se
sortearán quince libros de 'Linterna mágica'
de Ingmar Bergman, editada por Tusquets.

1   ¿Cuántas veces va Vd. al cine?

☐ más de 2 x semana
☐ 2 x semana
☐ 1 x semana
☐ 3 x mes
☐ 2 x mes
☐ 1 x mes
☐ 6 x año
☐ menos de 6 x año

2   ¿Prefiere Vd. las películas:

☐ españoles?
☐ europeas?
☐ americanas?
☐ otras?

3   ¿Prefiere las películas en versión:

☐ original con subtítulos?
☐ doblada?

4   ¿Qué determina su elección?

☐ los actores
☐ los directores
☐ las críticas
☐ el boca a boca
☐ otras (precisar)

5   Cite tres actores:
....
....
....

6   Cite tres actrices:
....
....
....

7   Cite tres directores:
....
....
....

8   ¿Colecciona películas en vídeo?

☐ sí
☐ no

9   ¿Cuántas tiene?
....

10   ¿De dónde proceden?

☐ grabadas de TV
☐ compradas
☐ otros

11   ¿Tiene Vd.:

☐ TV?
☐ vídeo?
☐ cadena hi-fi?
☐ compact-disc?
☐ coche?
☐ moto?

12   Vd. lee:

☐ un diario. ¿Cuál(es)?
☐ un semanario ¿Cuál(es)?
☐ un mensual ¿Cuál(es)?
☐ otras revistas de cine/vídeo ¿Cuál(es)?

Nombre ....
Dirección...
Ciudad .... Código postal ....
Edad .... Profesión ....

Rincón cultural

El cine en España

El cine es muy popular en España. En la mayoría de las ciudades, puedes ir al cine desde las cinco de la tarde hasta muy tarde. Normalmente los cines ponen las películas cada dos horas, excepto cuando la película dura más. Las películas populares de Estados Unidos están dobladas. Pocas tienen subtítulos. También hay bastantes películas españolas. España tiene una buena industria cinematográfica, con importantes y famosos directores como Luis Buñuel, Carlos Saura y Pedro Almodóvar.

Autoevaluación

Ya sabes . . .
invitar a tus amigos.
aceptar una invitación.
decir que no puedes aceptar una invitación y decir por qué.
explicar cómo te encuentras.
dar consejos.
hablar de tus planes.
decir lo que puedes o no puedes hacer.
decir lo que sabes o no sabes hacer.

10

¿A dónde vamos?

Sección A *Actividades*

1 Completa la parte de Manuel en el diálogo.

MANUEL   **1** ....

EMPLEADO   Pues, para Valladolid, por la mañana hay un Talgo y un Tranvía, y un Intercity que sale a las cinco y media de la tarde.

MANUEL   **2** ....

EMPLEADO   El Talgo es más rápido que el Tranvía. El Tranvía para en todas las estaciones.

MANUEL   **3** ....

EMPLEADO   El Tranvía es más barato que el Talgo.

MANUEL   **4** ....

EMPLEADO   El Talgo sale a las diez de la mañana.

MANUEL   **5** ....

EMPLEADO   Llega a las doce del mediodía.

MANUEL   **6** ....

EMPLEADO   Sí, señor. ¿De ida solamente?

MANUEL   **7** ....

EMPLEADO   ¿Cuándo quiere volver?

MANUEL   **8** ....

EMPLEADO   Muy bien, el sábado por la tarde. ¿De qué clase lo quiere?

MANUEL   **9** ....

EMPLEADO   ¿Fumador o no fumador?

MANUEL   **10** ....

EMPLEADO   Son sesenta euros. Aquí tiene. Compruebe el billete.

2 Lee y soluciona estos problemas de viajes. ¡Atención: **tarda** ¿Cuánto tiempo tarda?

> 1 Un Talgo sale de Zaragoza a las dos y media y tarda una hora y media en llegar a Teruel. Un tranvía sale una hora más tarde y tarda tres horas y media en llegar a Teruel. ¿A qué hora llega el Talgo? ¿A qué hora llega el Tranvía? ¿Cuántas horas antes llega el Talgo que el Tranvía?

> 2 Tienes que llegar a Madrid a las tres de la tarde. Hay un tren que sale a las doce del mediodía y llega a las tres y media. Buscas otro tren. Hay un tren que sale una hora y media más temprano pero el viaje dura tres cuartos de hora más. ¿A qué hora llega a Madrid? Si hay una avería en el tren que causa un retraso de cuarenta y cinco minutos, ¿a qué hora llega el tren?

3 ¿A qué hora llega a Sevilla el tren que sale de Madrid media hora después que el tren de las dos de la tarde, con media hora de retraso, si tarda cuatro horas y media en llegar? Si en una estación en el trayecto, hay problemas con el motor y tardas media hora más, ¿a qué hora llegas entonces?

4 Un tren sale de Bilbao a las diez y media de la mañana hacia Sevilla. Normalmente el tren llega a las diez de la noche; pero hoy el tren es más lento porque tiene que parar durante una hora y diez minutos a causa de problemas de circulación. ¿A qué hora llega a su destino?

5 El tren A sale de la estación a las diez de la mañana. Viaja a una velocidad media de ciento veinte kilómetros por hora. Va a treinta kilómetros por hora más rápido que el tren B. El tren A tarda exactamente tres horas en llegar a su destino. Si el tren B sale media hora más tarde que el tren A y para en una estación durante quince minutos, ¿a qué hora llega el tren B al mismo destino?

3 Otros medios de transporte público.

   a Lee los diálogos A–C y marca el medio de transporte al que se refieren.

1

2

3

   b Después di si las frases 1–15 son verdaderas (V) o falsas (F).

A

CLIENTE   Por favor, a la calle Doctor Cerrada.

EMPLEADO   Muy bien. ¿A qué número de la calle va?

CLIENTE   Al doscientos quince.

EMPLEADO   Entonces está al final de la calle.

CLIENTE   Sí, eso es, al final de la calle. ¿Cuánto es?

EMPLEADO   Son seis euros.

B

CLIENTE   Por favor, ¿tengo que cambiar de línea para ir a la estación Ópera?

EMPLEADA   Sí, primero tiene que ir hasta Bilbao y cambiar a la línea azul, hacia el sur. Después tiene que ir hasta Gran Vía. Allí tiene que tomar la línea verde y desde allí son sólo dos paradas hasta Ópera.

CLIENTE   Muchas gracias. Pues un billete, por favor. ¿Puede darme el plano?

EMPLEADA   Sí, aquí tiene.

CLIENTE   ¿Cuánto es?

EMPLEADA   El plano es gratis. El billete, un euro.

C

CLIENTE	¿Cuánto es la tarjeta de viajes, por favor?
EMPLEADA	Vale doce euros, pero también tiene un bono de seis euros.
CLIENTE	¿Para cuántos viajes vale?
EMPLEADA	Para diez viajes.
CLIENTE	Pues, deme un bono. ¿Qué línea tengo que tomar para ir al Barrio Oliver?
EMPLEADA	La línea veintidós.
CLIENTE	¿Dónde está la parada?
EMPLEADA	Está aquí mismo, en la plaza. Allí, enfrente. ¿Puede ver la fila?
CLIENTE	Sí, ¡hay mucha gente!

A

1 El cliente va al número 205. ❏
2 La casa está al final de una calle pequeña. ❏
3 El viaje cuesta seis euros. ❏

B

4 Desde Bilbao hay dos paradas a Gran Vía. ❏
5 El cliente tiene que cambiar dos veces. ❏
6 La línea verde pasa por Bilbao y por Gran Vía. ❏
7 La línea verde pasa por Ópera y Gran Vía. ❏
8 El cliente hace dos preguntas. ❏
9 El plano y el billete cuestan un euro. ❏

C

10 La tarjeta es doce euros más cara que el bono. ❏
11 El bono vale seis euros menos que la tarjeta. ❏
12 Con el bono puedes hacer un número de viajes limitado. ❏
13 El cliente quiere ir a la plaza en la línea 22. ❏
14 La parada está muy cerca. ❏
15 Mucha gente quiere ir al barrio Oliver. ❏

Sección A *Gramática*

> **¡Atención!**
>
> Comparativos: más . . . que; menos . . . que
>
> Nota: tan + adjetivo ➜ **tan** grande
>
> tanto + nombre ➜ **tanto** dinero
>
> Superlativos: el más rápido de (los dos); el menos caro de (todos)

Ejercicios

1 Escribe los comparativos correspondientes: **más, menos** o **tan**.

1 El avión es .... rápido que el autobús.

2 El autobús es .... lento que el avión.

3 El autobús es .... rápido que el tren.

4 El autobús es .... cómodo que el coche.

5 El autobús es .... caro que el avión.

6 El coche es .... lento como el autobús.

7 La bicicleta es .... barata que el autobús.

8 El coche es .... limpio que la bicicleta.

9 El avión es .... peligroso que el coche.

10 El autobús es .... peligroso como el coche.

2 Mira los dibujos y escribe frases con los comparativos. Usa **alto**, **bajo**, **delgado**, **gordo**.

Ejemplo: *El chico A es más gordo que el chico C.*

A   B   C   D

3 Mira los dibujos y escribe frases.

Ejemplo: *El pantalón B es más viejo que A, pero más nuevo/menos viejo que C.*
El pantalón A es el más nuevo.

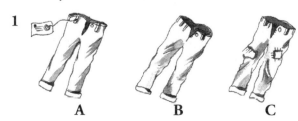

A   B   C

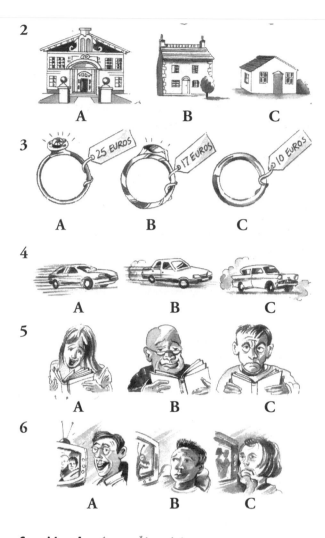

2

A   B   C

3

25 EUROS   17 EUROS   10 EUROS

A   B   C

4

A   B   C

5

A   B   C

6

A   B   C

Sección A *Ampliación*

Más medios de transporte y palabras relacionadas.

Usa el diccionario, si es necesario.

el AVE (el tren de alta velocidad)
el monopatín   los patines
el tranvía   la moto
el coche descapotable   la furgoneta
el helicóptero   la avioneta
el cohete   el yate
el buque   la piragua

Sección B *Actividades*

1 Haz el crucigrama del futuro.

Horizontal

2 Mañana .... al parque con mis amigos.
6 Un día mi hijo .... famoso.
7 El fin de semana mis amigos .... un partido de fútbol.
8 Yo veré la tele y mi hermano .... sus deberes.
11 Queremos mirar casas. .... más casas mañana.
12 Yo .... en el bar a las nueve.

Vertical

1 Mi hermano y yo .... en la misma oficina el mes próximo.
3 El tren .... a Barcelona a las cuatro.
4 Si van a la montaña .... toda la ciudad abajo.
5 Mis padres .... el dinero a mi hermano mañana.

9 Hoy .... con mi novio en el restaurante.
10 El tren no para aquí. .... por la estación a las tres.

2 Mira los dibujos y escribe lo que hará Pedro en sus vacaciones.

3 Completa los espacios en blanco de estos tres mensajes. Usa los verbos del cuadro en el futuro.

llegar (x3)	volver	llevar
visitar	pasar	estar (x2)
viajar (x2)	ir (x2)	

1 .... a Madrid el domingo, día 12, a las diez de la mañana. .... en avión. .... mucho equipaje. ¿......................... en el aeropuerto? Gracias.

2 .... a Sevilla a las nueve de la mañana. .... en coche. ¿......................... en casa? Carmen y los niños .... conmigo.

3 .... a Madrid el viernes. .... a mis hermanos y .... el fin de semana allí. El lunes .... a la oficina por la tarde porque .... en el tren de la mañana.

Sección B *Gramática*

¡Atención!

Futuros regulares: cenar–
                    beber– } -é -ás -á -emos -éis -án
                    escribir–

Ejercicios

1 Transforma las frases.

1 Escribo una carta.
   Escribiré una carta.

2 Veo a mis amigos.
   ....

3 La película empieza a las seis.
   ....

4 ¿Vuelves mañana?
   ....

5 Juan se levanta muy tarde.
   ....

6 ¿Desayunáis en casa?
   ....

7 Entramos más tarde a clase.
   ....

8 Me acuesto a las once.
   ....

9 ¿Lees este libro?
   ....

10 La tienda cierra a las ocho.
   ....

11 Compramos los bocadillos aquí.
   ....

2 Escribe las preguntas para estas respuestas.

1 ¿......................... ? Subiremos a la montaña el domingo.

2 ¿......................... ? Llegarán el jueves.

3 ¿......................... ? Juan estudiará en el instituto Calderón.

4 ¿......................... ? Terminaréis el fin de semana.

5 ¿......................... ? Iré al teatro.

6 ¿......................... ? Cenaré en el restaurante.

7 ¿......................... ? Tú comerás más tarde.

8 ¿......................... ? Iremos de vacaciones a la playa.

9 ¿...? Volveré mañana.

10 ¿...? Estudiaremos
   español.

3 Completa los espacios en blanco del texto
   siguiente. Usa los verbos del cuadro si es
   necesario.

tomar	subir	dejar
visitar	cenar	ir (x3)
dormir	comer	llegar
beber	dejar	bailar
quedar	llamar	viajar
volver	pasar	

El domingo 1 .... de vacaciones a

España. 2 .... el avión en el
aeropuerto a las siete de la mañana y

3 .... a Sevilla a las diez y media.

4 .... al hotel en taxi.

5 .... a mi habitación y

6 .... las maletas. Entonces

7 .... la ciudad y

8 .... en un restaurante típico.

Después de comer 9 .... al hotel y

10 .... la siesta. Por la tarde

11 .... a mis amigos sevillanos.

12 .... en su casa y después

13 .... a los bares con ellos.

14 .... la típica sangría y después

15 .... en una discoteca muy
famosa que hay en Sevilla. El lunes

16 .... a la costa y me

17 .... unos días en Málaga. Lo

18 .... muy bien.

Sección B *Ampliación*

Expresiones de futuro.

Usa el diccionario si es necesario.

esta tarde	esta noche
mañana	mañana por la mañana
pasado mañana	pasado mañana por la tarde
el lunes próximo	el martes que viene
dentro de dos días	dentro de una semana
en quince días	

Sección C *Actividades*

1 El sábado es tu cumpleaños y mandas una
   invitación a tu amigo. Pon las frases en el
   orden correcto.

a Tendré una fiesta en casa.

b ¿Podrás llamarla?

c ¿Podrás venir?

d El sábado será mi cumpleaños.

e Hasta el viernes.

f También haré algunos platos mexicanos.

g Vendrán muchos amigos.

h Así haremos todo más rápido.

i Prepararé comida española.

j ¿Vendrás conmigo?

k ¿Crees que querrá venir?

l Lo pasaremos estupendamente.

m El viernes saldré a comprar las cosas que
   necesito.

n También quiero invitar a Elena.

2 La ciudad del futuro. Completa las frases
   con los verbos en el futuro. Usa los que
   hay en el cuadro.

poder	salir	venir
estar	tener	haber
conducir	ser	

1   Las calles .... más sucias.

2   .... muchos problemas de tráfico.

3   Todos .... coches muy pequeños.

4   No .... conducir por el centro de la ciudad.

5   Los trenes .... muy rápidos.

6   .... gente de otros planetas a pasear por la ciudad.

7   No .... de casa para trabajar.

8   .... muchos más problemas con la contaminación.

9   Las ciudades .... un clima controlado.

3 Lee el horóscopo y marca las categorías que se mencionan en cada signo.

	Amor	Trabajo/estudios	Familia	Salud	Vida social	Suerte
Aries						
Tauro						
Géminis						
Cáncer						
Leo						
Virgo						
Libra						
Escorpio						
Sagitario						
Capricornio						
Acuario						
Piscis						

Tauro   Te enamorarás pero él/ella no te querrá.

Géminis   Tendrás problemas con tus hermanos.

Capricornio Ganarás mucho dinero en un concurso.

Piscis   Estás fuerte físicamente, pero vulnerable emocionalmente

Sagitario   Si haces exámenes, tendrás buenas notas.

Acuario   Conocerás a muchos amigos nuevos.

Cáncer   Tendrás buena suerte en un concurso.

Virgo   Te sientes bien físicamente y con gran vitalidad.

Leo   Tu trabajo necesita atención.

Libra   Si tienes secretos en tus relaciones, los confesarás.

Escorpio   ¡Cuidado! Tendrás desacuerdos con un hermano o una hermana.

Aries   Alguien te dará noticias secretas de una amiga. Tomarás una decisión importante en tu profesión.

Sección C *Gramática*

¡Atención!

Futuros irregulares: poder → podré; hacer → harás; salir → saldrá; venir → vendremos; tener → tendréis; querer → querrán

Ejercicios

1 Escribe el verbo en la forma correspondiente.

1 hacer: ustedes *harán*

2 salir: nosotros

3 poder: tú

4 tener: vosotros

5 querer: ella

6 hacer: yo

7 venir: ellos

8 salir: tú

9 tener: usted

10 poder: nosotros

11 venir: vosotros

2 Haz las preguntas.

1 Yo no vengo esta tarde.
¿Vendrás mañana?

2 Nosotros no salimos esta noche.

3 Ellos no hacen el trabajo hoy.

4 Usted no tiene tiempo ahora.

5 Yo no vengo hoy.

6 Tú no puedes ir a clase hoy.

7 Vosotros no queréis estudiar ahora.

8 Ustedes no tienen los libros hoy.

9 Él no viene con ustedes esta noche.

3 **a** Pon este texto en futuro (primera persona). (¡Atención! hay verbos regulares e irregulares.)
b Después trasforma el texto a otras personas: **él**, **vosotros**, **tú**, **nosotros**.

Todos los días me levanto pronto, me ducho y desayuno café con leche y tostadas. Después salgo de casa y tomo el autobús. Vengo a la oficina en autobús. Llego a las nueve y trabajo toda la mañana. A mediodía como y compro el periódico. Vuelvo a la oficina. No puedo salir antes de las ocho porque hay mucho trabajo y tengo que terminar todo antes del fin de semana. Por la noche leo, veo la tele y me acuesto muy tarde.

Mañana me levantaré . . .

Sección C *Ampliación*

Otros verbos irregulares en el futuro.

poner　　pondr -é/-ás/-á/-emos/-éis/-án
querer　　querr -é/ás/-á/-emos/éis/án
saber　　sabr -é/-ás/á/-emos/éis/án
decir　　dir -é/-ás/-á/-emos/éis/án
obtener　obtendr -é/-ás/-á/-emos/éis/án

Repaso de toda la lección

1 Más gramática

Ver página 114 en Lección 14.

2 Leer

Lee el texto y di si las frases son verdaderas (V) o falsas (F).

> El AVE es un tren español de alta velocidad. En abril de 1992, el AVE Madrid-Sevilla comenzó su servicio. Viaja a 270 km/h y el viaje se hace sólo en dos horas y media. Dentro de pocos años el AVE Barcelona-Madrid hará el viaje en dos horas y media, a más de 350 km/h.
> Las nuevas líneas del AVE pondrán a España a la vanguardia de las tecnologías ferroviarias. Conectará su red con la europea. Los prototipos del Centro de Estudios y Experimentación de Obras Públicas (CEDEX) permitirán la circulación de los trenes españoles por el ancho de vía del resto de Europa. En el futuro, Madrid podrá estar a nueve horas de Londres, a siete horas de París o a ocho horas de Milán en tren.

1 El AVE es un tren que va muy rápido. ❏
2 El AVE empezó a circular en el año noventa y dos. ❏
3 El AVE pronto circulará a 270 km/h. ❏
4 De Barcelona a Madrid hay 350 km. ❏
5 El AVE es un tren europeo. ❏
6 En el futuro llegaremos a Milán en una hora menos que a Londres. ❏

3 Escribir

Escribe una carta a tu amigo sobre lo que harás en tus vacaciones.
a Usa los dibujos de Sección B, Actividad 2.
b Usa tu propia información.

Rincón cultural

El metro de Bilbao
Uno de los metros más modernos de España es el de Bilbao, inaugurado en 1995 y diseñado por el británico Norman Foster. La red completa estará terminada en el año 2013. En Bilbao hay ahora menos tráfico y la calidad del aire es mucho mejor. El metro de Bilbao es muy original, especialmente las entradas que son una especie de cañones transparentes y luminosos. Los bilbaínos llaman a estas entradas 'fosteritos', en honor de Norman Foster.

Autoevaluación

Ya sabes . . .
hablar del futuro.
usar los verbos irregulares en el futuro.
comprar billetes.
preguntar la hora de salida y llegada del tren o del autobús.
hacer planes.
decir dónde vas de vacaciones.

11

¿Qué tiempo hace?

Secciones A y B *Actividades*

1 El tiempo en España

Lee el informe del tiempo y coloca las
ciudades y los símbolos donde
corresponden.

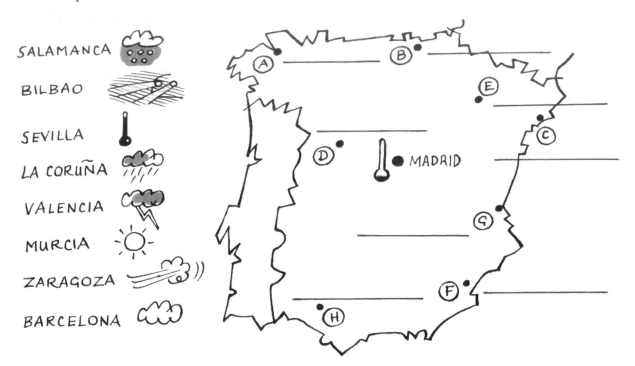

En Madrid, hace frío.
1 En el noroeste, lejos de Madrid, llueve.
2 En el noreste en la costa, lejos de Madrid,
   hay nubes.
3 En el noroeste, cerca de Madrid, nieva.
4 En el sudeste, lejos de Madrid, hace sol.
5 En el norte, lejos de Madrid, hace niebla.

6 En el noreste, lejos de Madrid, hace
   viento.
7 En el este, lejos de Madrid, hay
   tormentas.
8 En el sur, lejos de Madrid, hace calor.

2 Une las frases de la lista A con las de la lista B.

Lista A	Lista B
1 Hace calor.	a ¿Puedes cerrar la ventana?
2 Llueve.	b No puedo conducir.
3 Hay mucha niebla.	c Tienes que ponerte un abrigo.
4 Hace frío.	d Vamos a la montaña.
5 Hace mucho sol.	e Necesitas un sombrero.
6 Nieva.	f Puedes ir en camiseta.
7 Tengo frío.	g ¿Puedes abrir la ventana?
8 Tengo calor.	h Tienes que tomar el paraguas.

3 Haz el test del clima: elige la respuesta correcta.

1 Durante el día hace calor y por la noche frío.
   a continental   **b** tropical   **c** desértico
2 Llueve poco y hace frío en invierno.
   a mediterráneo   **b** continental
   c ecuatorial
3 Hace muchísimo frío siempre.
   a continental   **b** polar   **c** mediterráneo
4 En el invierno también hace calor.
   a desértico   **b** continental
   c mediterráneo
5 El invierno es templado y no llueve mucho.
   a mediterráneo   **b** continental
   c ecuatorial
6 Hace calor y llueve todo el año.
   a ecuatorial   **b** tropical   **c** mediterráneo
7 Hace frío en invierno y fresco en verano.
   a mediterráneo   **b** de montaña   **c** polar

8 Hay una estación seca que es el invierno.
   a ecuatorial   **b** tropical   **c** de montaña
9 En invierno nieva en las partes altas y hace fresco en verano.
   a continental   **b** de montaña
   c ecuatorial
10 Hace mucho calor en verano y frío en invierno.
   a de montaña   **b** desértico
   c continental

Secciones A y B *Gramática*

> ### ¡Atención!
>
> ¿Qué tiempo hace?
>
> **Hace** + sol, calor, frío, viento, buen tiempo, mal tiempo
>
> **Hay** + niebla, tormenta, nubes
>
> llover – llueve – la lluvia
>
> nevar – nieva – la nieve

Ejercicios

1 Estás en Mallorca. Mira los símbolos y escribe el tiempo de cada día.

1   Lunes

   Hoy lunes hace calor.

2   Martes

3   Miércoles

4   Jueves

5   Viernes

6   Sábado

7   Domingo

2   Contesta.

1   ¡Qué calor!
     Sí, hace mucho calor.

2   ¡Qué viento!

3   ¡Cuánta niebla!

4   ¡Qué frío!

5   ¡Qué sol!

6   ¡Qué buen tiempo!

7   ¡Cuánta nieve!

8   ¡Cuánta lluvia!

9   ¡Qué mal tiempo!

10   ¡Cuántas nubes!

11   ¡Qué tormenta tan grande!

3   Haz las preguntas para estas respuestas.

1   Hoy hace buen tiempo.
2   No, no llueve casi nada.
3   Sí, muy malo.
4   En primavera hace sol.
5   Sí, en otoño, mucho viento.
6   No, no hay nubes.
7   Mañana hará sol.
8   Sí, pero no podemos esquiar porque nieva mucho.

Secciones A y B *Ampliación*

El tiempo.

Usa el diccionario, si es necesario.

el huracán, el tornado, el vendaval
la ola de calor, la ola de frío
el trueno, el relámpago, el rayo
las inundaciones,
la neblina, la niebla, la niebla tóxica
el aguanieve, la llovizna, la granizada

Sección C *Actividades*

1   Completa los diálogos siguientes. Tú eres A (Antonio/a Pérez). Usa las frases del cuadro si es necesario.

Sí, un momento que ahora se pone.
Dígame.
Lo siento, no es aquí.
Sí, soy yo. ¿Quién es?
No, no está. ¿Quiere dejar un recado?

1 A _____ .
   B ¿Está el señor/la señora Pérez?

   A _____ .
   B Soy el señor Gómez.

2 A _____ .
   B Por favor, ¿está Javier?

   A _____ .
   B Sí, dígale que soy Luis y que llamaré
      más tarde.

3 A _____ .
   B ¿Puedo hablar con la señora Riera?

   A _____ .
   B Perdone, me he equivocado de
      número.

4 A _____ .
   B ¿Está María?

   A _____ .
   B Gracias.

2 Llegas a casa y encuentras estos mensajes
   para Ana. Ana no está. Mándale los
   mensajes por correo electrónico. Escribe
   frases completas. Empieza así:

Ana, tienes un mensaje de Raúl, de las 11 de
la mañana; pregunta si . . .

> 1
> De: Raúl Para: Ana Hora llamada: 11.00
> Mensaje: domingo próximo/ir al cine con
> él/esperar en la cafetería Rosas a las 6.30

> 2
> De: Pablo Para: Ana Hora llamada: 3.00
> Mensaje: mañana noche imposible ir con
> Ana teatro, madre enferma en cama.

> 3
> De: Anabel Para: Ana Hora llamada:
> 5.30 Mensaje: invitación a su cumpleaños/
> sábado/cena en su casa 8.30/fiesta/11 noche

3 Lo que puedes hacer con un móvil.
   Une el servicio con la descripción
   correspondiente.

Servicios
1   Buzón de voz
2   Fax
3   Identificación del teléfono
4   Información
5   Agenda electrónica
6   Llamada en espera
7   Multiconferencia
8   Operaciones Bancarias
9   E-mail
10 Tráfico
11 Urgencias

Descripción del servicio
a   Puede registrar muchos números con el
    nombre del titular.
b   Podemos saber el número de la persona
    que llama, si no lo esconde.
c   Indica que nos llaman mientras hablamos
    con otra persona y retiene la llamada.
d   Contestador automático para mensajes
    hablados.

e   Envía y recibe mensajes escritos.
f   Envía y recibe mensajes por correo electrónico
g   Conversación simultánea con cinco personas.
h   Teléfono especial para transportes, reserva de hoteles, actualidad.
i   Teléfono especial para ambulancias y reparación de vehículos.
j   Información del estado de las carreteras.
k   Podemos meter y sacar dinero de nuestra cuenta.

Sección C *Gramática*

¡Atención!

No **está**   **Estoy** en casa   **Soy** yo   No **es** aquí

Ejercicios

1 Escribe **ser** o **estar** en las frases siguientes.

1   Juan no _____ en casa.

2   Hola, _____ yo, Ana.

3   Perdone, ese número no _____ aquí.

4   ¿ _____ Luis en casa?

5   Hola, ¿ _____ tú Luis?

6   Nosotros no _____ en casa, _____ en la oficina.

7   ¿ _____ el señor Martínez?
    Si, _____ yo.

8   ¿ _____ usted el señor Martínez?
    No, yo _____ el señor Martín.

2 Cosas que decimos por teléfono. Pon los verbos en el tiempo correspondiente.

1   Yo _____ (llamar) a Juan el domingo próximo.

2   Pedro _____ (venir) más tarde.

3   Juan te _____ (llamar) mañana.

4   ¿ _____ (Venir) a mi fiesta el fin de semana?

5   Mi padre _____ (volver) más tarde.

6   ¿Felipe, _____ (volver) a llamar?

7   Mis hermanos _____ (estar) en casa más tarde.

8   ¿Y tú, Isabel? ¿ _____ (poder) llamarme más tarde?

3 Pon en orden las frases y añade los signos de puntuación necesarios.

1   de equivocado me número he
2   Pedro soy Hola tal qué
3   un se espera ahora momento pone
4   soy sí quién es yo
5   tarde llamaré más Pepe soy
6   dejarle puedo recado un
7   aquí siento no es lo

Sección C *Ampliación*

Por teléfono.
Usa el diccionario, si es necesario.

teléfono móvil   auricular   marcar
contestador automático   la telefónica
el operador/la operadora   el abonado
la llamada internacional   televentas
teleconferencia

Sección D *Actividades*

1 Une las frases de la lista A con las frases de la lista B.

Lista A	Lista B
1 Está lloviendo	**a** a la pelota
2 Está leyendo	**b** en la piscina de mi tía
3 Estoy preparando	**c** helados de fresa
4 Estamos tomando	**d** la cena para mis hijos
5 Estoy nadando	**e** los deberes de español
6 Están jugando	**f** música clásica
7 Estamos comiendo	**g** toma el paraguas
8 Está haciendo	**h** un bocadillo de queso
9 Estamos escuchando	**i** un tiempo muy malo
10 Estoy terminando	**j** una revista muy interesante

2 Éstas son las fotos de vacaciones de tu hijo Alfonso. Escribe una frase para cada foto. Usa las palabras del cuadro si es necesario.

pasear	visitar	jugar
nadar	escribir	nadar
tomar	bailar	comer

1 Aquí Alfonso está nadando en el mar.

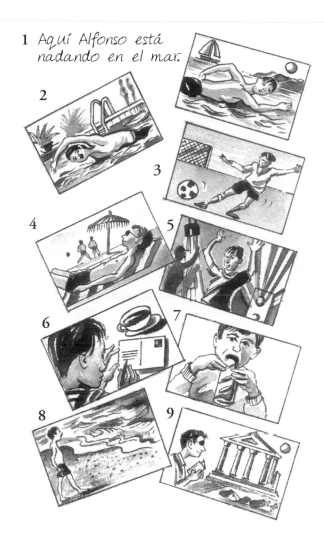

3 Lorenzo trabaja demasiado. Completa los diálogos en la oficina, entre la directora y Lorenzo, su secretario.

1 DIRECTORA Lorenzo, tiene que preparar la presentación del proyecto.

LORENZO Sí, la *estoy preparando* ahora.

2   DIRECTORA   Lorenzo, ¿puede mandar un
                e-mail al director de
                personal?
    LORENZO   Sí, lo .... ahora.
3   DIRECTORA   Lorenzo, tiene que terminar
                este informe inmediatamente.
    LORENZO   Sí, lo .... ahora.
4   DIRECTORA   Lorenzo, ¿puede escribir esta
                carta?
    LORENZO   Sí, la _____ ahora.
5   DIRECTORA   Lorenzo, tiene que buscar el
                contrato con la empresa
                CESA.
    LORENZO   Sí, lo .... ahora.
6   DIRECTORA   Lorenzo, ¿puede llamar a la
                secretaria del señor Prada?
    LORENZO   Sí, la .... ahora.
7   DIRECTORA   Lorenzo, ¿puede reservar
                habitación en el hotel
                Madrid?
    LORENZO   Sí, la .... ahora.
8   DIRECTORA   Lorenzo, tiene que organizar
                la reunión del lunes.
    LORENZO   Sí, la .... ahora.
9   DIRECTORA   Lorenzo, ¿puede hacer un
                café?
    LORENZO   Sí, lo .... ahora.

Sección D *Gramática*

¡Atención!

Presente continuo: estar + gerundio (-ar ➔ -ando;
                     -er, -ir ➔ -iendo)

cenando, comiendo, escribiendo

Gerundios irregulares: leer ➔ leyendo; dormir ➔
                         durmiendo

Verbos reflexivos (con pronombres reflexivos):

estoy bañándo**me**/**me** estoy bañando

Con pronombres personales:

escribo la carta ➔ estoy escribiéndo**la**/**la** estoy
escribiendo

Nota importante: cuando se pone el pronombre detrás
del gerundio se forma una sola palabra y se pone un
acento: **bañándome**, **escribiéndola**.

Ejercicios

1 Pon el infinitivo en presente continuo.

1   Y vosotros, ¿ .... (hacer) los
    ejercicios?
2   Teresa .... (preparar) la cena.
3   No salgo porque .... (cenar)
    con mi familia.
4   Los niños .... (dormir) en casa
    de unos amigos.
5   Nosotros .... (leer) el
    periódico.
6   Mis hermanos .... (vivir) unos
    meses en Nueva York.
7   Mi marido .... (limpiar) la
    casa.
8   Yo .... (estudiar) español.

2 a   Completa las frases con los verbos
          reflexivos correspondientes.

    1   Pepe se baña en el mar, pero hoy *está
        bañándose* en la piscina.

2 Fernando siempre se ducha arriba, pero ahora .... en el baño de abajo.

3 Mis hijos siempre se visten rápidamente, pero hoy no, porque .... para una fiesta.

4 El niño se lava en el cuarto de baño, pero ahora .... en la cocina.

5 Generalmente me acuesto muy pronto, pero últimamente .... muy tarde.

6 Siempre nos peinamos en esta peluquería pero hoy .... en otra.

7 Siempre me levanto a las siete, pero últimamente .... más tarde.

b Transforma cada frase de Actividad 2a. Ejemplo: **1** está bañándose ➜ *se está bañando*

3 **a** Contesta las preguntas. Usa el presente continuo y los pronombres personales correspondientes.

1 ¿Escribes la carta? Sí,
   estoy escribiéndola.

2 ¿Compras el libro? Sí,

3 ¿Haces las maletas? Sí,

4 ¿Bebes la leche? Sí,

5 ¿Ves el programa? Sí,

6 ¿Comes la sopa? Sí,

7 ¿Buscas los libros? Sí,

8 ¿Escribe Pedro el informe? Sí,

9 ¿Lees las revistas? Sí,

b Transforma cada frase de Actividad 3a. Ejemplo: **1** estoy escribiéndola ➜ *la estoy escribiendo.*

Sección D *Ampliación*

Más quejas.

Usa el diccionario, si es necesario.

¡Siempre estás gritando!
¡Siempre estás quejándote!
¡Siempre estás lavando el coche!
¡Siempre estás viendo la tele!
¡Siempre estás estudiando con la radio puesta!
¡Siempre estás haciéndolo pero nunca terminas!
¡Siempre estás gastando pero no ganando!
¡Siempre estás pensando en qué hacer y nunca haces nada!

Repaso de toda la lección

1 Más gramática

Ver página 114 en Lección 14.

2 Leer

Test de las telecomunicaciones (ver página 90).

1   Inventó un código que usa un alfabeto telegráfico.
   a   Alexander Graham Bell
   b   Samuel Morse
   c   John Logie Baird

2   Inventó el teléfono.
   a   Alexander Graham Bell
   b   Samuel Morse
   c   John Logie Baird

3   Inventó la televisión.
   a   Alexander Graham Bell
   b   Samuel Morse
   c   John Logie Baird

4   Inventó la radio.
   a   Guglielmo Marconi
   b   Oliver Lodge
   c   Heinrich Hertz

5   ¿Cuándo se desarrolló el World Wide Web?
   a   1969
   b   1979
   c   1989

6   Los programas de la televisión se transmitieron en color por primera vez en la década de los . . .
   a   50
   b   60
   c   70

7   ¿Cuándo se organizó el correo oficial en España?
   a   en el siglo 17
   b   en el siglo 18
   c   en el siglo 19

8   ¿Quién se considera el inventor de la computadora digital moderna?
   a   Charles Babbage
   b   Bill Gates
   c   Guglielmo Marconi

9   El Colossus fue el primer ordenador digital totalmente electrónico. ¿Cuándo se inventó?
   a   1943
   b   1953
   c   1963

10   ¿Cuándo se fabricó la primera máquina de escribir industrial?
   a   1823
   b   1873
   c   1923

3   Escribir

Estás de vacaciones con tu novia, Ana. Escribe una carta a tu amigo/a de Hispanoamérica y también mándale unas fotos.

Escribe sobre: el tiempo que hace y las actividades que haces. Escribe también un comentario sobre tus fotos de vacaciones. Usa las claves y las fotos de la página 91.

Claves
tiempo bueno   mañanas: sol   tardes: nubes   noches: tormentas   levantarse pronto   piscina   subir a la montaña   comer en el campo   ver monumentos   hablar con la gente del pueblo   salir con amigos   beber sangría en el bar   acostarse pronto

Fotos

Carta

Querido/a amigo/a:
¿Qué tal? Aquí estamos muy bien...

Te mando unas fotos de las
vacaciones. Aquí Ana y yo estamos...

Rincón cultural

Los climas de Hispanoamérica: dos extremos

Guatemala

El clima de Guatemala es tropical. En las zonas altas, los días son cálidos y las noches frías, con una temperatura de un promedio anual de 20°C. El clima de las costas es más tropical; la costa Atlántica es más húmeda que la del Pacífico, y la temperatura tiene un promedio anual de 28,3°C. Hay una estación de lluvias entre mayo y noviembre.

Patagonia

Patagonia, en el sur de Argentina, tiene un clima muy frío. La temperatura tiene un promedio de 0°C y casi no hay árboles debido a la falta de lluvia.

Autoevaluación

Ya sabes . . .
hablar del tiempo.
comprender informes sobre el tiempo.
las estaciones y los meses.
hablar por teléfono.
decir lo que estás haciendo, tú y otras personas.

¿Qué hiciste?

Sección A *Actividades*

1 Pon en orden las actividades que hiciste ayer.

a   Comí en el restaurante.
b   Compré el periódico en la parada.
c   Desayuné tostadas.
d   Volví a casa.
e   Tomé el autobús al centro.
f   Me levanté pronto.
g   Tomé un café después de comer.
h   Cené con mi familia.
i   Leí el periódico en el autobús.
j   Salí de la oficina.
k   Tomé el autobús en el centro.
l   Trabajé hasta la hora de salir.
m   Trabajé hasta mediodía.
n   Llegué a la oficina en el centro.
o   Volví a la oficina.
p   Me acosté pronto.

2   Sopa de letras.

a   Busca ocho verbos en el pasado.
(Nota: hay un verbo que aparece tres veces y otro que aparece dos veces.)

D	P	L	S	V	M	B
J	L	B	A	I	L	E
K	S	O	L	R	I	B
E	A	Q	I	F	U	I
W	F	C	C	U	J	S
I	C	O	M	I	H	A
O	L	M	B	J	G	F
F	U	I	A	F	D	G

b   Utiliza los verbos y las palabras del cuadro (si es necesario) para completar las frases.

al	en el	en la
una	con unos	

1   *Fui al* .... teatro.
2   .... restaurante.
3   .... discoteca.
4   .... vino.
5   .... pescado.
6   .... cine.
7   .... película.
8   .... amigos.

3   Tu agenda de memoria

Lee la agenda del sábado pasado durante un minuto. Tapa la agenda y escribe, en el pasado, lo que recuerdas.

Ejemplo: *A las diez me levanté/Me levanté a las diez.*

Sábado
10.00   Levantarse
10.30   Desayunar
11.30   Jugar al tenis
14.30   Comer en casa
16.00   Tomar café con María
18.00   Ir de compras
21.00   Cenar en el restaurante
23.00   Cine: ver una película cómica
02.00   Ir a la discoteca
07.00   Acostarse

Sección A *Gramática*

¡Atención!

Pretérito indefinido de los verbos regulares: singular

	bailar	comer	salir
(yo)	bailé	comí	salí
(tú)	bailaste	comiste	saliste
(él/ella/usted)	bailó	comió	salió

+ dos verbos irregulares:

	hacer	ir/ser
(yo)	hice	fui
(tú)	hiciste	fuiste
(él/ella/usted)	hizo	fue

Ejercicios

1 Escribe debajo de cada persona las formas de verbos que corresponden.

Yo	Tú	Él/Ella
___	___	___
___	___	___
___	___	___
___	___	___

fui	saliste	bailé
compré	bebió	hizo
fue	te levantaste	te acostaste
salió	comí	vio

2 Completa los diálogos con las formas correspondientes de los verbos del cuadro.

ir	beber	terminar
ver	comer	salir
volver		

a

A ¿ _____ tú ayer al cine?

B Sí, yo _____ al cine y _____ una película muy bonita.

b

C ¿ _____ el trabajo?

D Sí, yo _____ todo el trabajo.

c

E ¿ _____ pollo Juan?

F No. Yo _____ pollo; Juan _____ pescado.

d

G ¿ _____ anoche?

H Sí, _____ con mis amigos.

e

I ¿A qué hora _____ tú a casa anoche?

J _____ a las doce de la noche.

f

K María _____ mucho vino, ¿verdad?

L Sí. _____ demasiado.

3 Escribe estas frases en el pasado.

1 Termino el trabajo ahora.   *Ayer terminé el trabajo.*

2 Voy al cine hoy.   El sábado pasado ....

3 Salgo el domingo.   Anoche ....

4 Compro ropa los fines de semana.   El fin de semana pasado ....

5 ¿Qué haces ahora?   ¿Qué .... ayer?

6 ¿Dónde vas ahora?   ¿Dónde .... ayer?

7 Javier sale todas las noches.   Anoche también ....

8 Ana baila mucho.   Anoche .... en la discoteca.

9 ¿Ves una película esta tarde?   ¿.................... una película ayer?

10 Hago mis deberes hoy.   Ayer también .... mis deberes.

11 Ceno muy tarde.   Ayer .... muy tarde también.

Sección A *Ampliación*

La agenda del día: actividades profesionales que se pueden hacer en un día. Usa el diccionario, si es necesario.

tener una reunión
asistir a una conferencia
ir a un congreso
hacer un curso de formación
hacer horas extras
presentar un producto nuevo
leer un informe
encargarse de un proyecto

Sección B *Actividades*

1 Une las preguntas de la lista A con las respuestas de la lista B.

Lista A
1 ¿Dónde fuiste?
2 ¿Cuánto tiempo estuvo María en la playa?
3 ¿Cuándo tiempo estuviste en la montaña?
4 ¿Dónde estuvisteis?
5 ¿Qué hiciste?

Lista B
a Estuvo dos semanas.
b Fui a la montaña.
c Hice excursiones.
d Estuve tres semanas.
e Estuvimos en un hotel.

2 Pon las frases en el orden correcto para formar el texto.

Empieza así: *El verano pasado . . .*

de una familia española / de vacaciones / el verano pasado / en una escuela / estuvo en casa / fue a la playa / Juan fue a Málaga / hizo muchas excursiones / más importantes de la zona / nadó en la piscina / pasó un mes / pero no mucho / también estudió español / por eso habló mucho / que tiene la familia / tomó el sol / y visitó los monumentos / y medio allí

3 Completa los espacios en blanco. Usa los verbos del cuadro. ¡Atención! los verbos están en plural y en el pasado.

bailar (x2)	jugar (x2)	visitar
comprar	salir	preparar
estudiar	comer	

1　Mis amigos y yo _____ en la discoteca anoche.

2　Mis padres _____ en el restaurante.

3　Mis hermanos _____ a mis tíos en Nueva York.

4　¿Y vosotros? ¿ _____ ayer?

5　Mi mujer y yo _____ un coche ayer.

6　Mis hermanos y yo _____ la cena en casa.

7　¿Dónde _____ el partido de fútbol tus amigos?

8　Nosotros _____ en el parque.

9　Mi hermano y yo _____ en esta universidad.

10　María y Ana _____ mucho en la discoteca.

Sección B *Gramática*

¡Atención!

Pretérito indefinido de los verbos regulares: plurales

	bailar	comer	salir
(nosotros/as)	bailamos	comimos	salimos
(vosotros/as)	bailasteis	comisteis	salisteis
(ellos/ellas/ustedes)	bailaron	comieron	salieron

+ dos verbos irregulares:

	hacer	ir/ser
(nosotros/as)	hicimos	fuimos
(vosotros/as)	hicisteis	fuisteis
(ellos/ellas/ustedes)	hicieron	fueron

Otros irregulares:

estar: estuve, estuviste, estuvo, estuvimos, estuvisteis, estuvieron

tener: tuve, tuviste, tuvo, tuvimos, tuvisteis, tuvieron

Ejercicios

1 Escribe las frases en el plural.

1　Yo comí en el restaurante.　Nosotros _____ .

2　Juan bailó mucho en la discoteca.　Juan y sus amigos _____ .

3　Yo hice mis deberes.　Nosotros _____ .

4　¿Estuviste en Madrid?　¿(Vosotros) _____ ?

5　¿Qué hizo María?　¿Qué _____ María y sus amigas?

6　¿Estudiaste ciencias en la universidad?　¿(Vosotros) _____ ?

7　La cena fue buena.　Las cenas _____ .

8　Javier estuvo enfermo.　Mis padres _____ .

2 Escribe el texto de Sección B, Actividad 1 . . .

a en primera persona singular:
Empieza: *Yo fui a Málaga de vacaciones . . .*

b en primera persona plural:
Empieza: *Mi hermana y yo fuimos a Málaga de vacaciones . . .*

3 **a** Escribe las preguntas para las respuestas. Usa la forma **tú**.

1 *¿Bailaste anoche?* Sí bailé toda la noche.

2 ¿....................? No. No fui al cine.

3 ¿....................? Sí. Estuve en casa con Juan.

4 ¿....................? Sí. Compré carne y verdura.

5 ¿....................? Sí. Comí en el restaurante.

6 ¿.................... No. No salí con Ana.

7 ¿.................... (hacer)? Anoche fui al centro

b Ahora escribe las preguntas y las respuestas en el plural.

Ejemplo: *¿Bailasteis anoche? Sí, bailamos toda la noche.*

Sección B *Ampliación*

Más actividades que se pueden hacer durante las vacaciones.

Usa el diccionario, si es necesario.

descansar en la piscina
visitar los pueblos
alquilar una bicicleta
leer una novela
pasear por la orilla del mar
jugar al voleibol
construir castillos de arena
hacer windsurf
escalar una montaña
pescar
bucear

Secciones C y D *Actividades*

1 Completa el formulario y escribe tu autobiografía (o inventa una autobiografía). Usa los verbos del cuadro.

estudiar	trabajar
vivir	casarse
tener hijos	ir a la escuela
divorciarse	hacer (otras cosas)

Nombre y apellido(s): ....

Lugar y fecha de nacimiento: ....

Lugar(es) donde vivió: ....

Estudios: ....

Trabajos: ....

Familia: ....

2 Sabes historia? Haz el test. En la pregunta el verbo está en presente. Contesta con una frase completa y escribe el verbo en el pasado.

1 ¿Cuándo llega el hombre a la luna?
en 1966   en 1968   en 1969
El hombre llegó a la luna en 1969.

2 La primera guerra mundial empieza en …
1918   1914   1917
....

3 Los Juegos Olímpicos de Barcelona tienen lugar en …
1992   1996   2000
....

4 ¿Cuándo es la Copa del Mundo de fútbol en España?
1978   1982   1986
....

5 ¿Cuánto tiempo dura la dictadura española de Franco?
20 años   30 años   40 años

6 ¿Quién pinta el famoso cuadro de Guernica?
Goya   Picasso   Velázquez

7 ¿Quién es el rey del rock 'n' roll?
Elvis Presley   Frank Sinatra   Plácido Domingo

8 ¿Qué hace Marilyn Monroe?
cuadros   películas   teatro

3 a Lee la información de cada uno de estos personajes. Los datos están mezclados. Selecciona cuatro datos para cada personaje y escríbelos en el orden correcto.

Luis Buñuel	Isabel Allende
Evita	Celia Cruz

1900 Nace en Aragón, España.
1919 Nace en Los Toldos, Argentina.
1925 Nace en La Habana, Cuba.
1929 Hace su primera película con Dalí en Francia.
1942 Nace en Lima, Perú, de una familia chilena diplomática.
1944 Actriz de radionovelas: conoce al político Juan Perón.
1945 Se casa con Juan Perón.
1947 Vive en Estados Unidos y va a México. Hace muchas películas.
1950 Empieza a cantar con la Orquesta Matancera.
1952 Muere muy joven en Buenos Aires.

1959 Va a México con la Orquesta Matancera.
1961 Se casa con el trompeta Pedro Knight y vive en Estados Unidos. Se llama la Reina de la Salsa.
1973 Golpe militar en Chile: abandona Chile.
1982 Escribe su primera novela *La casa de los espíritus.*
1983 Muere en México.
1988 Vuelve a Chile después de la dictadura.

b Ahora escribe la historia de cada personaje; usa el pretérito indefinido.

Secciones C y D *Gramática*

¡Atención!

Pretérito indefinido de **nacer**

(yo)	nací	(nosotros/as)	nacimos
(tú)	naciste	(vosotros/as)	nacisteis
(él/ella/usted)	nació	(ellos/ellas/ustedes)	nacieron

Ejercicios

1 Contesta las preguntas. Usa las claves.

1 ¿Dónde naciste? (Madrid).
Nací en Madrid.

2 ¿Dónde estudiaste la primaria? (Colegio Miraflores)

3 ¿Dónde nació tu madre? (Valencia)

4 ¿Cuándo hiciste el servicio militar? (1990)

5   ¿Durante cuántos años saliste con María? (cuatro)

_____

6   ¿Dónde dejé el libro? (en la mesa)

_____

7   ¿Dónde viviste en 1995? (Barcelona)

_____

8   ¿Qué comiste en el restaurante? (pescado)

_____

9   ¿Dónde trabajó tu padre? (una fábrica)

_____

10   ¿Cuándo escribiste el libro? (el año pasado)

_____

2 Escribe estas frases en plural.

1   Mi madre vivió en Inglaterra.   Mis padres _____

2   Yo trabajé como mecánico.   Mis hermanos _____.

3   Mi hermano hizo todos los deberes.   Sus amigos no _____.

4   Yo comí carne.   Mis padres _____ queso.

5   Javier escribió novelas.   Sus hermanos _____ artículos de revistas.

6   Yo bailé mucho.   Vosotros _____ poco.

7   Yo fui a Benidorm.   Ellos _____ a Estados Unidos.

8   Yo estuve en casa.   Vosotros _____ en el cine.

3 Rellena los espacios en blanco con los verbos correspondientes del cuadro.

ir (x4)	nacer	venir
estudiar	salir	buscar
empezar	terminar	conocer
decidir	llamar	encontrar

María 1 _____ en Madrid, pero a los dos años 2 _____ a Valencia. En Valencia 3 _____ al instituto y después 4 _____ Economía en la universidad. Sus padres 5 _____ a Estados Unidos a vivir, pero María 6 _____ sus estudios y 7 _____ trabajo en la ciudad. No 8 _____ trabajo y 9 _____ a Barcelona. Allí 10 _____ a trabajar con una empresa muy grande y 11 _____ a un empresario, Federico. 12 _____ juntos durante tres años. 13 _____ casarse y María 14 _____ a sus padres. Sus padres 15 _____ a España para la boda.

Secciones C y D *Ampliación*

Carreras y profesiones.

Usa el diccionario, si es necesario.

El/La funcionario/a
El/La empresario/a
El/La agente de viajes
El/La albañil
El/La contable
El jefe/La jefa de personal
El/La programador(a)
El/La delineante
El/La catedrático/a
El/La abogado/a
El/La transportista
El/La urbanista

Repaso de toda la lección

1 Más gramática

Ver página 115 en Lección 14.

2 Leer

Lee el itinerario de un viaje y completa el cuadro.

	Día 1	Día 2	Día 3	Día 4	Día 5	Día 6
Visita con guía					✔	
Viajar por la mañana						
Ver monumentos						
Nadar						
Visita libre ciudad						
Viaje en autobús						
Comer en el viaje						
Tiendas						
Música/baile español						

ITINERARIO: ANDALUCÍA

- **Día 1°: Madrid–Granada**

  Salida a las 07.00h de nuestra Terminal, por Linares y Jaén utilizando la autopista.

  Granada: llegada a la hora de comer. Comida en un restaurante típico. Tarde libre para visitar la Alhambra y el Generalife. Cena y alojamiento en el hotel.

- **Día 2°: Granada y Málaga**

  Mañana libre para visitar el famoso barrio del Albaicín. Comer. Salida a Málaga a las cuatro de la tarde. Cena y alojamiento en el hotel. Fiesta flamenca.

- **Día 3°: Málaga**

  Mañana libre para disfrutar la playa o pasear por la ciudad. Comer en el hotel. Salida a las 15.00h a Sevilla. Tarde y noche libre.

- **Día 4°: Sevilla**

  Visita a la Giralda y la Torre del Oro por la mañana.

  Tarde libre para visitar la ciudad y hacer compras.

  Desayuno, cena y alojamiento en el hotel.

- **Día 5°: Córdoba**

  Desayuno en el hotel y salida a las 09.00h. Día libre en Córdoba, visita opcional acompañada. Estancia en régimen de pensión completa en el hotel.

- **Día 6°: Córdoba–Madrid**

  Desayuno en el hotel. Almuerzo en bolsa pic-nic. Salida a las 09.00h por Madrid. Llegada. Fin de viaje.

3 Escribir

Usa el itinerario de Actividad 2 (Leer) para escribir una carta a tu amigo. ¿Qué hiciste en tus vacaciones?

Rincón cultural

García Lorca

España ha tenido muchos escritores famosos universalmente. Federico García Lorca es un poeta español muy importante. Sus obras de teatro están entre las más importantes del siglo XX. Nació en Granada en 1898. Vivió en Madrid entre 1919 y 1928 donde conoció a mucha gente del mundo literario. También vivió en Nueva York y Cuba. Volvió a España donde escribió sus obras teatrales como *Bodas de Sangre, Yerma* y *La casa de Bernarda Alba.* Lorca fue antifascista y también muy popular. Por eso, lo fusilaron en la guerra civil española, en el año 1936, a la edad de treinta y ocho años.

Autoevaluación

Ya sabes . . .
hablar y hacer preguntas sobre . . .

    lo que hiciste tú . . .

    lo que hizo otra persona . . .

    lo que hiciste tú y tus amigos . . .

    lo que hicieron otras personas . . .

        ayer.

        el fin de semana.

        la semana pasada.

        el año pasado.

        durante las vacaciones.

hablar de tu vida (autobiografía) y la vida de
otros (biografía).

13

¿Qué te pasa?

Secciones A y B *Actividades*

1 Mira el dibujo del cuerpo humano y completa las palabras.

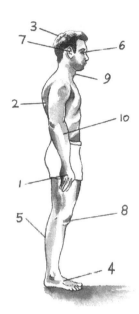

1   _ a _ o
2   _ s _ a _ d _
3   _ a _ e _ a
4   _ _ e
5   _ i _ r _ a
6   _ _ o
7   _ í _ o / _ _ a
8   _ o _ i _ l _
9   _ a _ g _ n _ a
10 _ r _ z _

2 Une los dibujos con las frases.

1   Me duele la cabeza.
2   Luis tiene dolor de garganta.
3   Pedro se ha quemado la mano.
4   Mi hermano tiene la pierna rota.
5   Tengo un grano en la nariz.
6   Me duele la espalda.
7   María tiene el brazo inflamado.
8   A Ramón le duele el oído.
9   Cati tiene que tomar un jarabe.
10 Me he cortado el dedo.

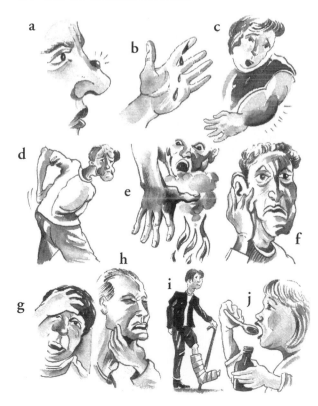

3 Une las frases de la lista A con las de la
lista B.

Lista A
1 He corrido el maratón.
2 He tomado el sol demasiado.
3 Me he resfriado.
4 Necesito una venda.
5 No oigo nada.
6 He bebido mucho.
7 No puedo ver bien.
8 Tengo que ir al dentista.
9 Tienes que tomar antibióticos.
10 He comido demasiado.

Lista B
a Me duele el estómago.
b Me duele la cabeza.
c Me escuece la espalda.
d Me duelen los pies.
e Me duele la garganta.
f Tengo los ojos muy irritados.
g Tengo una infección de oído.
h Me duele la muela.
i Me he cortado en la mano.
j Tienes una infección.

Secciones A y B *Gramática*

¡Atención!

Pronombres personales

me/te/le/nos/os/les + pasa

¡Atención! Estos pronombres son los mismos que usamos
con **gustar, encantar, interesar y doler**

me/te/le/nos/os/les duele/gusta

Me duele la cabeza. **Le gusta** el cine.

Compara con los pronombres reflexivos:
me/te/se/nos/os/se

me levanto, **te** duchas, **se** acuesta, etc.

Nota que son todos iguales excepto la tercera persona:

personales: le/les

reflexivos: se

Expresiones de sugerencia

Nota la diferencia: tienes que (más directo y personal)

hay que (impersonal, general)

debes (como **tienes que**, pero
¡atención! no usa **'que'**)

(También usamos: **¿Por qué
no ...?**)

Ejercicios

1 Escribe la forma correcta del verbo **doler**, con los pronombres correspondientes.

1   ¿Qué te pasa?

                       _____ la cabeza.

2   ¿Qué le pasa a María?

                       _____ la pierna.

3   ¿Qué os pasa?

                       _____ las piernas.

4   ¿Qué les pasa a los niños?

                       _____ el estómago.

5   ¿Qué te pasa?

                       _____ los pies

6   ¿Qué le pasa a usted?

                       _____ las muelas.

7   ¿Qué le pasa a tu madre?

                       _____ la garganta.

8   ¿Qué os pasa?

                       _____ la espalda

2 Pon el pronombre personal o reflexivo correspondiente.

1   ¿Cómo _____ encuentras hoy?

     _____ encuentro muy mal.

2   ¿Qué _____ pasa?

Estoy enfermo, _____ duele mucho la garganta.

3   ¿Qué _____ pasa a Luis?

No sé, _____ duele la cabeza, no _____ encuentra bien.

4   ¿ _____ duele la cabeza, Ana?

No, no _____ duele la cabeza, _____ duelen los ojos.

5   ¿Cómo _____ encuentra María?

María _____ encuentra mal.

6   ¿Qué _____ pasa a los niños?

No _____ encuentran bien, _____ duele la garganta.

3 Elige entre **hay, tiene(s), debe(s)** y **¿Por qué no . . . ?**

1   Juan, _____ que ir al médico.

2   _____ vas al cine esta tarde

3   _____ que salir de paseo.

4   Para aprobar _____ estudiar más.

5   En la casa _____ que pintar la cocina.

6   María, _____ sales a cenar conmigo

7   En este colegio _____ que estudiar mucho.

8   Tomás _____ que levantarse pronto.

9   Tú _____ volver pronto a casa

10 Si tienes frío, _____ cierras la ventana.

Secciones A y B *Ampliación*

El botiquín.

Usa el diccionario, si es necesario.

las tiritas
las tijeras
el esparadrapo
la venda
el termómetro
la gasa
el algodón
el agua oxigenada
el desinfectante

Secciones B y C *Actividades*

1 Fernando ha vuelto de vacaciones. Mira los dibujos y escribe lo que ha hecho y lo que no ha hecho.

1  ir al pueblo ✔

2  hacer muchos amigos ✔

3  montar a caballo ✘

4  ir a la playa ✔

5  comprar regalos ✘

6  ir de excursión ✔

7  ver el museo ✘

8  comer en el restaurante Lorenzo ✔

9  visitar la ciudad ✘

10  bailar en la discoteca Loca ✔

2 Encuentra en la sopa de letras los participios de los verbos del cuadro.

estar	sufrir	ir
pasar	perder	hacer
tener	salir	robar
comprar		

A	H	N	G	H	L	I	O	P	C
S	M	G	P	E	R	D	I	D	O
F	R	A	G	C	W	E	D	Z	M
T	B	O	P	H	F	X	O	N	P
I	P	Q	R	O	B	A	D	O	R
S	A	L	I	D	O	M	J	Y	A
K	S	R	S	J	C	D	Q	K	D
U	A	D	C	T	E	N	I	D	O
E	D	S	U	F	R	I	D	O	B
H	O	E	S	T	A	D	O	V	L

2 Lee la carta que Pablo ha escrito a Maribel.

a Rellena los espacios en blanco. Usa los verbos del cuadro, en la forma correspondiente.

aprobar	tener	terminar
escribir	encontrar	empezar
tener	comprar	ir
estudiar	vender	poder
hacer	conocer	decir
casar	ganar	

Querida Maribel:

¿Cómo estás? ¡Cuántos años sin verte! Luis me ha 1 _____ que te has 2 _____ y has 3 _____ una niña. ¡Felicidades! Yo estoy muy bien. He 4 _____ la universidad y he 5 _____ todas las asignaturas. He 6 _____ un trabajo muy interesante y he 7 _____ a una chica muy simpática y muy guapa que se llama Susana. También he 8 _____ un coche porque he 9 _____ mucho dinero en la lotería. Este verano he 10 _____ de vacaciones a Japón y he 11 _____ japonés. ¡Ah!, y también he 12 _____ un libro y ha 13 _____ muchos ejemplares. He 14 _____ a estudiar un máster en economía, pero he 15 _____ mucho trabajo y no he 16 _____ terminarlo aún. Como ves, he 17 _____ muchas cosas. Espero verte pronto. Un abrazo:

Pablo

b Di si las frases son verdaderas (V) o falsas (F).

Pablo . . .
1 se ha casado. ❏
2 va a ir a la universidad. ❏
3 ha tenido buenos resultados en los exámenes. ❏
4 trabaja. ❏
5 tiene una hermana que se llama Susana. ❏
6 ha comprado un coche porque tiene trabajo. ❏
7 ha estudiado japonés en la universidad. ❏
8 está escribiendo un libro. ❏
9 no puede terminar su máster todavía. ❏
10 está muy ocupado. ❏

Secciones B y C *Gramática*

¡Atención!

Pretérito perfecto

he/has/ha/hemos/habéis/han + participio

-ar ➔ -ado (cen**ado**)　-er ➔ -ido (com**ido**)
-ir ➔ -ido (sal**ido**)

¡Atención! el participio no cambia.

Orden de la frase

No se pueden poner palabras entre el verbo auxiliar **haber** y el participio.

Algunos participios irregulares

hecho (hacer), **escrito** (escribir)

Ejercicios

1 Completa las frases con la forma correspondiente del pretérito perfecto regular.

1 Roberto _____ (tener) muchos problemas últimamente.

2 Yo no _____ (poder) dormir en toda la noche.

3 Nosotros no _____ (encontrar) trabajo.

4 ¿_____ (leer) tú este libro?

5 Los electricistas _____ (terminar) el trabajo.

6 María _____ (ganar) un premio.

7 Yo _____ (comer) muchas veces en este restaurante.

8 Carlos _____ (beber) demasiado esta noche.

9 ¿Y tú? ¿_____ (salir) de vacaciones?

10 Los niños _____ (llegar) tarde a clase.

2 Pon las frases siguientes en el orden correcto.

1 venido Fernando ha mañana pronto esta.
2 ¿te qué ha trabajo en el pasado?
3 mi mucho amigo he hablado con.
4 terminar completamente no he trabajo podido mi.
5 vacaciones casi han padres terminado mis sus.
6 ¿casa tarde has de salido?
7 ¿han ciudad ustedes la vez alguna visitado?
8 profesión he en la trabajado misma siempre.

3 Haz las preguntas para estas respuestas. ¡Atención a los verbos reflexivos y a los verbos irregulares!

1 Me he levantado a las ocho.
   ¿A qué hora te has levantado?

2 He ido al cine.

3 Nos hemos acostado a las diez.

4 No he visto la película.

5 No, no he hecho los deberes.

6 Me he vestido para la fiesta.

7 José no ha vuelto de la oficina.

8 Nos hemos bañado en la playa.

9 No he escrito la carta a Teresa.

10 María no ha roto el vaso.

11 El niño se ha duchado esta mañana.

Secciones B y C *Ampliación*

Más participios irregulares.

Usa el diccionario, si es necesario.

roto (romper)
visto (ver)
vuelto (volver)
muerto (morir)
dicho (decir)
puesto (poner)

Secciones D y E *Actividades*

1 Une las palabras de la lista A con las de la lista B. Usa la preposición **de** si es necesario.

Lista A	Lista B
1 un bolso	a estampado
2 un espejo	b lana
3 un jersey	c liso
4 una llave	d madera
5 un vestido	e metal
6 unas gafas	f oro
7 una camisa	g piel
8 un pañuelo	h plástico
9 una mesa	i plata
10 un anillo	j rayas
11 un abrigo	k redondo
12 un reloj	l seda

2 ¿Qué objeto es?

  a Lee la descripción de un objeto.
     Adivina qué es.
  b Si no adivinas qué es, pasa a la clave.
  c Si tampoco sabes qué es, mira las
     soluciones en la parte de atrás.

mi	mis	robado	estación
menos	ocurrido	dejado	listas
ido	revistas	doscientos	lado
cogido	sido	visto	cogido
sé	nada	tela	cómo
dentro	joyas	cámara	conducir
de	hora		

Objetos

1 Es de metal. Generalmente es redonda en
   la parte de arriba y larga y estrecha en la
   parte de abajo.
2 Es de metal, a veces la parte de arriba, que
   se llama 'mango', es de madera o de
   plástico duro.
3 Generalmente es de cristal, pero puede ser
   de plástico, especialmente para los niños.
4 Es de algodón, o de seda, o de papel
   absorbente.
5 Es redonda, esférica, normalmente de
   plástico.
6 Tiene dos brazos y cuatro patas y
   normalmente un cojín.
7 Es de metal y cristal. Tiene cuatro ruedas,
   asientos y un motor.
8 Es de papel. Tiene páginas y palabras.

Claves

1 Abre puertas.
2 Corta.
3 Bebes con él.
4 Lo llevas en el bolsillo o en la bolsa.
5 Jugamos con ella.
6 Nos sentamos en él.
7 Es para viajar.
8 Lleva las noticias.

3 Una mujer describe un robo. Lee el
   diálogo y completa los espacios en blanco.
   Mira las palabras del cuadro si es
   necesario.

SEÑORA Buenos días. Vengo a denunciar un
       robo. Me han **1** _____ un bolso
       en la **2** _____ .
POLICÍA ¿Dónde ha **3** _____ exactamente?
SEÑORA En el quiosco. He **4** _____ a
       comprar unas **5** _____ con mi
       marido y mis hijas y he **6** _____
       el bolso en un **7** _____ y alguien
       lo ha **8** _____ .
POLICÍA ¿A qué hora ha **9** _____?
SEÑORA Hace una **10** _____ , a las diez
       más o **11** _____ .
POLICÍA ¿Ha **12** _____ a la persona que
       lo ha **13** _____?
SEÑORA No, no **14** _____ , no he visto
       15 _____ .
POLICÍA ¿**16** _____ es su bolso?
SEÑORA Es mediano, de **17** _____ ,
       marrón con **18** _____ negras,
       con mi nombre.
POLICÍA ¿Qué llevaba **19** _____ del bolso?
SEÑORA Pues todo lo de valor; dinero, unos
       20 _____ euros, una
       21 _____ fotográfica, mi carnet
       de **22** _____ y el de mi marido,
       los pasaportes de **23** _____ hijas,
       las gafas **24** _____ sol de **25**
       _____ marido, un estuche
       pequeño con mis **26** _____ , dos
       libros, uno de niños.

Secciones D y E *Gramática*

¡Atención!

preposición **de**

un jersey **de** lana, un reloj **de** oro

de posesivo

el libro **de** Juan

pronombres personales:

lo/la/los/las + pretérito perfecto

lo he perdido

pronombres posesivos

mi, tu, su	mis, tus, sus
nuestro/a, vuestro/a, su	nuestros/as, vuestros/as, sus

Ejercicios

1 Sustituye las palabras subrayadas por el pronombre posesivo correspondiente.

1 Ésta es mi casa y tu casa.
Ésta es *nuestra* casa.

2 ¿Es ésta la casa de María?
Sí, ésta es .... casa.

3 ¿Son éstos mis regalos y los regalos de Susana?
Sí, éstos son .... regalos.

4 ¿Es éste tu coche y el coche de tu hijo?
No, éste no es .... coche.

5 ¿Es ésta tu cartera?
Sí, ésta es .... cartera.

6 ¿Son éstas las gafas de Ana?
Sí, éstas son .... gafas.

7 ¿Es éste tu piso y el piso de tu padre?
Sí, éste es .... piso.

8 ¿Son éstos los bolsos de María y Rosa?
Sí, éstos son .... bolsos.

9 ¿Es ésta tu escuela y la escuela de Teresa?
No, ésta no es .... escuela.

10 ¿Son éstas mis maletas y las maletas de Luis?
No, éstas no son .... maletas.

11 ¿Es ésta la piscina de María y Carmen?
Sí, ésta es .... piscina.

2 Contesta las preguntas. Usa los pronombres personales **lo/la/los/las**.

1 ¿Has leído mi libro?
Sí, *lo he leído.*

2 ¿Has encontrado tu cartera?
No, no ....

3 ¿Ha perdido Federico sus gafas?
Sí, ...

4 ¿Han comprado tus padres un coche?
Sí, ...

5 ¿Habéis visto la película?
No, no ....

6 ¿Has hecho los ejercicios?
Sí, ...

7 ¿Habéis escrito las cartas?
No, no ....

8 ¿He dejado mis papeles aquí?
Sí, ...

9 ¿Han vendido tus padres el apartamento?
Sí, ...

3 Pon en orden las frases.

1 lana jersey de el Juan de es
2 mi de español éste ejercicios es libro de
3 de es el oro anillo Carlos éste de
4 padre las de mi metal gafas son de
5 ¿tu lavado la padre camisa de has rayas de?
6 azul tengo una color seda blusa de de
7 hermana madre mi mi el reloj de tiene oro de
8 de he mi el bolso perdido madre de piel

Secciones D y E *Ampliación*

Otros objetos que puedes perder.

Usa el diccionario, si es necesario.

el llavero	las llaves
la tarjeta de crédito	el libro de cheques
los guantes	la bufanda
el teléfono móvil	la cartera
la agenda	la pluma
el paraguas	

Repaso de toda la lección

1 Más gramática

Ver página 115 en Lección 14.

2 Leer

En esta oficina no hay empleados hoy porque han tenido muchos problemas. Lee los mensajes que la recepcionista pasa al director. Contesta con el nombre o los nombres (puede ser más de uno). Hoy es lunes.

¿Quién . . .
1 no está enfermo/a?
2 está en la policía?
3 tiene dos partes del cuerpo mal?
4 va a estar mucho tiempo sin volver a la oficina?
5 ha sufrido un ataque?
6 ha sufrido un robo?
7 no va a volver a trabajar mañana?
8 ha viajado a otro país?
9 ha comido algo malo?
10 utiliza un ordenador en su trabajo?

a La señora Martínez ha sufrido un accidente de coche y está en el hospital con una pierna rota y un golpe en la cabeza. No podrá venir a trabajar durante un mes.

b El señor Pérez ha tenido que ir a la comisaría a denunciar un robo. Le han robado la cartera esta mañana en el autobús cuando venía a la oficina. No podrá venir a trabajar hoy.

c La señorita Rosario no podrá venir a trabajar esta semana porque tiene gripe y una infección de garganta muy fuerte y es contagiosa.

d Juanito Rodríguez no puede venir a la oficina porque se ha quemado la mano y ha tenido que ir a Urgencias esta mañana. Como no puede escribir a máquina y no podrá usar el ordenador, se queda en casa hasta el miércoles.

e El señor Gil ha tenido que ir a ver a su padre, que vive en Argentina y está muy enfermo, y tiene que cuidarlo durante seis meses. No quiere volver a trabajar nunca más en esta oficina.

f La señora García ha perdido su bolso esta mañana al salir de su casa y no puede encontrar las llaves ni dinero para tomar el autobús. También ha perdido su tarjeta de crédito y no ha podido pagar el metro. Ha tenido que ir al banco a pie y va a llegar tarde (en dos horas más o menos), porque vive muy lejos.

g El señor Rodríguez está en casa porque ayer un hombre le atacó y le robó su cartera con todo el dinero de su sueldo y su reloj, que era un regalo muy especial de su hija pequeña. También le duele mucho la cabeza porque el hombre le dio un golpe en la cabeza.

h La señora Cervera está en la cama. Cree que se ha intoxicado con alguna comida en malas condiciones y le duele mucho el estómago. No sabe cuando podrá volver a trabajar, pero es posible que pasado mañana.

3 Escribir

Escribe una carta a una amiga a quien no has visto hace mucho tiempo.
Cuéntale lo que has hecho durante los últimos años. Usa las claves y/o tu propia información.

Claves
estudiar español – vivir en México – conocer a un(a) mexicano/a – casarte – tres hijos – conseguir trabajo excelente – muchos viajes de negocios por Latinoamérica – volver a España varias veces a visitar a la familia – un apartamento en la playa – tener un accidente de tráfico recientemente – pasar ocho semanas en el hospital

---

Rincón cultural

La policía
En las ciudades y los pueblos más grandes hay policía municipal. Si necesitas hablar con la policía vas a la comisaría, donde te atienden. En cambio, en los pueblos pequeños, en el campo, no hay policía municipal sino la guardia civil, y si necesitas ir a la policía tienes que ir al cuartel de la guardia civil.

Autoevaluación

Ya sabes . . .
decir que estás enfermo/a.
hablar de tus enfermedades.
aconsejar a alguien.
describir objetos.
decir que has perdido algo.
decir que te han robado.
usar el pretérito perfecto.

14

Repaso

Sección A *Más actividades*

1 ¿Qué te gusta hacer?

Pon las palabras del cuadro en la categoría correspondiente y después escribe frases con cada categoría. Usa **gustar** o **encantar**. (Lección 8)

Ejemplo: *Me encanta escribir cartas. Escribo con bolígrafo.*

Categorías

Escribir	Jugar al tenis	Comer
bolígrafo		

Ir al cine	Pasear

Palabras		
parque	ordenador	película
ciudad	pista	árboles
raqueta	flores	~~bolígrafo~~
pantalón corto	sesión	zapatillas
terror	restaurante	cocinar
cartas	entrada	carne
pescado	papel	

2 Elige la respuesta correcta. (Lección 9)

1 Tengo que estar en la cama porque estoy…
a enfadado. **b** contento. **c** enfermo.

2 ¿Qué tal estás? Estoy…
a inteligente. **b** regular. **c** estropeado.

3 ¿Te gustaría ir a una fiesta? Lo siento, no…
a gusta. **b** estoy. **c** puedo.

4 No me gusta ir a la piscina porque no sé…
a escuchar. **b** nadar. **c** patinar.

5 ¿Quieres ir a ver una película de .... animados?
a dibujos **b** pinturas **c** teatro

6 Los domingos vamos al museo para .... cuadros.
a pintar **b** aprender **c** ver

7 ¿Vamos al cine a las cinco? ¿Dónde …
a salimos? **b** quedamos? **c** entramos?

8 Este fin de semana vamos a…
a enfadar. **b** descansar. **c** cansar.

3 Haz el test de 'vacaciones' de estos lugares hispanoamericanos. (Lección 10)

1 Visitaré monumentos mayas en…
a Chile. **b** Argentina. **c** Guatemala.

2 Iré a Bolivia y visitaré su capital…
a La Paz. **b** Quito. **c** Managua.

3 Compraré artesanía inca en…
a Montevideo. **b** Lima. **c** Caracas.

4 Iremos al desierto de Atacama en…
a Venezuela. **b** Cuba. **c** Chile.

5 Viajaremos por la Pampa…
a mexicana. **b** argentina. **c** colombiana.

6   Nadaremos en el lago Titicaca que es el
     más grande del mundo y está en…
     a Honduras.   **b** Paraguay.   **c** Bolivia.

7   Veremos los icebergs de…
     a México.   **b** Chile.   **c** Costa Rica.

8   Visitaremos la catarata más alta del
     mundo, el salto del Ángel que está en . . .
     a Ecuador.   **b** Venezuela.   **c** Perú.

4   Haz el crucigrama. (Lección 11)

						1			2	
	3									
4										
5				6						
						7				
				8						
9							10			
11										

Horizontal

4   Pedro está ……… a mucha velocidad.
5   Hace frío. Hay mucha ……… . Es blanca.
7   ¿Qué ……… Juan y Luis? Preparan las
     comidas.
9   ¿Quieres hablar con Ana? Ahora se ……… .
10   Es un día muy bueno. Hace mucho ……… .
11   Al contestar el teléfono: ……… .

Vertical

1   María está ……… la comida.
2   No podemos salir. Está ……… mucho y no
     tengo paraguas.
3   Yo estoy ……… un plato típico español.
6   ¿Quién ………?
8   ¿Qué tiempo ……… hoy?
10   Necesito beber. Tengo ……… .

5   Completa el diálogo. Usa las palabras del
         cuadro en la forma correcta. (¡Atención!
         algunas se usan más de una vez!)
         (Lección 12)

venir	hacer	ver	estar
beber	leer	levantar(se)	comer
ir	jugar		

A   ¿Qué **1** ……………… ayer?

B   Me **2** ……………… muy tarde,

     3 ……………… a la piscina.

A   ¿Y dónde **4** ………………?

B   **5** ……………… en el restaurante.

A   ¿Y qué **6** ……………… María?

B   María no **7** ……………… conmigo a la
     piscina, está enferma. María

     8 ……………… en casa todo el día.

A   Y tú, ¿a dónde **9** ……………… ayer?

B   Yo **10** ……………… a casa de mis padres.

     11 ……………… paella y **12** ………………
     un vino muy bueno.

A   ¿Y por la tarde? ¿**13** ……………… algo
     especial?

B   No, mi hermano y yo **14** ……………… la

     televisión, **15** ……………… a las cartas y

     16 ……………… el periódico.

A   ¿Y tu hermana Ana **17** ……………… con
     vosotros?

B   No, Ana está de vacaciones.

     18 ……………… a Mallorca el domingo
     pasado para dos semanas.

6 Encuentra en la sopa de letras las doce palabras que necesitas para completar las frases. (Lección 13)

```
A G O K F J P E I R C N
F C O M I D O O M E M D
P A S A D O H A G D R L
E T P L A S T I C O B B
C A B E Z A S G L N N C
H R D Q H P I A Q D J K
W R E C E T A R D A Y T
P O V H C C R G R I P E
U G V O H W Q A V U E N
K T S L O X T N M N W I
B A X C Z I J T T F X D
S Z U Y P O M A D A R O
```

1 He .... pescado en mal estado.

2 Es un reloj de forma ....

3 ¿Qué te ha .... ?

4 Me duele la ....

5 Tengo tos y me duele la ....

6 Tienes que ponerte esta ....

7 He .... un accidente.

8 ¿Qué has .... ?

9 Te voy a .... unas pastillas.

10 Tengo fiebre. Tengo la ....

11 ¿Tienes un pañuelo? Tengo un ....

12 Es una bolsa de ....

Sección B *Más gramática*

1 Rellena los espacios en blanco de este texto sobre Barcelona. Usa los verbos: **ser**, **estar**, **haber (hay)**, **tener**, **gustar** y **encantar**. (Lección 8)

Vivo en Barcelona, que **1** .... en Cataluña. **2** .... muy grande, pero el transporte **3** .... muy bueno. El metro **4** .... excelente. Me **5** .... viajar en el metro en verano porque **6** .... aire acondicionado. Lo bueno de Barcelona **7** .... sus paseos y plazas. Me **8** .... las Ramblas. Barcelona **9** .... también muchos monumentos y **10** .... muy interesantes. En Barcelona **11** .... playas muy bonitas y **12** .... bastante limpias. Me **13** .... ir a la playa. Las calles modernas de Barcelona **14** .... muy anchas y en ellas **15** .... muchas tiendas. Las tiendas **16** .... fantásticas. Las calles antiguas **17** .... muy estrechas. En Barcelona **18** .... mucho tráfico y no me **19** ....

2 Completa los diálogos con los verbos **ir** (para construcciones de futuro), **poder** y **estar**. (Lección 9)

1 A ¿Y tú?, ¿ .... a ir a la piscina?

B Yo no .... , ...
resfriado.

2 A ¿ .... a ir al cine vosotros?

B No .... , ... muy
cansados.

3 A ¿ .... a hacer Pedro el examen?

B No, Pedro no .... ,
.... enfermo.

4 A ¿Y tú? ¿ .... a ir a la playa con
Luis?

B No .... , Luis ....
enfadado conmigo.

5 A ¿ .... a salir a bailar María y
Victoria?

B No .... porque ....
muy cansadas.

6 A ¿ .... a ir a la fiesta Luis y tú?

B Nosotros no .... , Luis no está

y yo .... muy triste.

3 Rellena los espacios en blanco del diálogo
entre Jorge y Francisca. Usa los verbos del
cuadro (en el futuro), si es necesario.
(Lección 10)

descansar	comer	venir
viajar	ir	alquilar
ser	comprar	bañar
salir (x2)	tomar	subir
estar (x2)	hacer	

JORGE ¿1 .... mañana al pueblo
conmigo?

FRANCISCA No, mañana 2 .... a la
agencia de viajes y 3 ....
los billetes para Tenerife.

JORGE ¿Cuándo 4 .... para Tenerife?

FRANCISCA 5 .... el lunes próximo.

JORGE ¿Cuánto tiempo 6 .... allí?

FRANCISCA 7 .... allí dos semanas.

JORGE ¿Y qué 8 ....

FRANCISCA Pues 9 .... dos o tres días,
me 10 .... en el mar y
11 .... el sol y después
12 .... un coche y
13 .... por toda la isla.
14 .... al volcán del Teide
y 15 .... los platos típicos
canarios. Creo que 16 ....
unas vacaciones estupendas.

4 Rellena los espacios en blanco de esta
conversación. (Lección 11)

FRANCISCO Dígame.

CARLOTA ¿1 .... Francisco?

FRANCISCO Sí, 2 .... yo. ¿Quién
3 .... ?

CARLOTA 4 .... Carlota.

FRANCISCO ¿Qué tal 5 .... , Carlota?

CARLOTA Muy bien. 6 .... pasando
unos días en la montaña.

FRANCISCO ¡Estupendo! ¿7 .... buen
tiempo?

CARLOTA Regular, a veces 8 .... sol,
pero también 9 ....
mucho y 10 .... mucho
frío.

FRANCISCO ¿Y Pepe y los niños?

CARLOTA Los niños ahora **11** .... esquiando y Juan está **12** .... una cerveza en el bar.

FRANCISCO Yo estoy **13** .... mucho en la oficina. **14** .... muy cansado.

CARLOTA Bueno, hasta pronto, Francisco.

5 Escribe las preguntas para estas respuestas: primero con **tú/vosotros** y después con **usted/ustedes**. (Lección 12)

1 ¿ .... ? Nací en 1980.
2 ¿ .... ? Ayer no fui a clase.
3 ¿ .... ? Mi hermano nació en 1983.
4 ¿ .... ? Estudié mucho el fin de semana.
5 ¿ .... ? Fui a Mallorca de vacaciones.
6 ¿ .... ? Bailamos toda la noche.
7 ¿ .... ? Vimos *Drácula*.
8 ¿ .... ? Mis padres llegaron ayer.
9 ¿ .... ? Mi hermano vino la semana pasada.
10 ¿ .... ? Luis y Ana se casaron el año pasado.
11 ¿ .... ? Anoche fuimos al teatro.
12 ¿ .... ? No, no tuve el examen ayer.

6 Rellena los espacios en blanco con los pronombres correspondientes. (Lección 13)

1 ¿Qué .... pasa? He comido demasiado y .... duele el estómago.
2 ¿Qué .... pasa a Juan? Ha tomado el sol demasiado y .... duele la cabeza.
3 ¿Qué .... pasa? Hemos andado mucho y .... duelen los pies.
4 ¿Qué .... pasa? Han hecho mucho ejercicio y .... duele la espalda.
5 ¿Qué .... pasa? He cogido un resfriado y .... duele la garganta.

Sección C *Test*

Completa el test. Tiene 100 puntos. Al final repasa lo que no sabes.

1 Escribe cuatro cosas que te gustan. (2 puntos)
2 Escribe cuatro cosas que no te gustan. (2 puntos)
3 Escribe cuatro cosas que te gusta hacer. (2 puntos)
4 ¿Cómo es tu ciudad? Escribe cuatro opiniones. (4 puntos)
5 ¿Qué hacéis tú y tus amigos en el tiempo libre? Escribe seis actividades en el plural (nosotros). (6 puntos)
6 Escribe los nombres de seis deportes. (3 puntos)
7 ¿Cómo estás? Escribe cuatro adjetivos con **estar**. (2 puntos)
8 Escribe dos formas de aceptar (decir que sí). (2 puntos)
9 Escribe dos formas de negar (decir que no). (2 puntos)

10 Escribe tres maneras de invitar.

¿ .... ir al cine?

¿ .... no vamos al cine?

¿ .... ir al teatro?

(3 puntos)

11 Escribe cuatro frases con la forma del futuro **ir a** + infinitivo. (4 puntos)

12 Escribe cuatro tipos de películas.

(2 puntos)

13 Escribe cuatro medios de transporte.

(2 puntos)

14 Escribe seis palabras o frases relacionadas con los viajes (pero no medios de transporte). (3 puntos)

15 Escribe seis planes para el futuro (usa la forma del futuro simple). (6 puntos)

16 ¿Qué tiempo hace hoy? Escribe seis frases sobre el tiempo. (3 puntos)

17 Escribe cuatro frases que puedes usar cuando hablas por teléfono. (4 puntos)

18 ¿Qué estás haciendo? Escribe seis frases con **estar** + gerundio. (6 puntos)

19 Escribe seis actividades que hiciste ayer.

(6 puntos)

20 Escribe cinco cosas sobre tu autobiografía.

(5 puntos)

21 Escribe cinco cosas sobre la vida de un(a) amigo/a o de una persona de tu familia (usa el pasado). (5 puntos)

22 Escribe ocho partes del cuerpo humano.

(4 puntos)

23 Tienes la gripe, describe tres síntomas a tu médico. (3 puntos)

24 Escribe los consejos para estos problemas.
a Estoy muy gordo, como demasiado.
b Estoy cansado, trabajo demasiado.
c Tengo la gripe.
d Me duele la cabeza.

(4 puntos)

25 ¿Qué has hecho esta mañana? Escribe seis frases, usa estos verbos: levantarse desayunar   ir a trabajar   salir a la cafetería   tomar un café   volver a casa

(3 puntos)

26 Describe cuatro objetos: material, color, forma.
a un bolso
b unas gafas
c un pañuelo
d un anillo

(12 puntos)

Total: ..../100 puntos

Key to exercises

Lección I

Sección A *Actividades*
1 1 d 2 c 3 g 4 a 5 f 6 b 7 e

2 b, e, f, a, h, c, d, g

3 1 I 2 F 3 I 4 I 5 F 6 F 7 I 8 F

Sección A *Gramática*
1 1 Buenos 2 Buenas 3 Buenas

2 llamas; llamo; llama; llamo

3 1 Me 2 te 3 se

Sección B *Actividades*
1 1 a 2 g 3 h 4 b 5 e 6 d 7 i 8 f
9 c

2 1 d 2 e 3 c 4 b 5 a

3 1 señor 2 Es 3 soy 4 señora 5 llamo
6 directora 7 qué 8 ingeniero 9 llama
10 llama

Sección B *Gramática*
1 1 M/F 2 F 3 M/F 4 M 5 M/F
6 M 7 M 8 F 9 M 10 M/F

2 1 secretario 2 arquitecto 3 recepcionista
4 director 5 médico 6 pintor
7 escritor 8 periodista

3 1 soy 2 es 3 eres 4 es 5 es 6 Soy
7 Soy 8 Es 9 eres 10 es

Sección C *Actividades*
1 1 colombiano 2 argentino 3 español
4 brasileño 5 francés 6 italiano 7 alemán
8 escocés 9 inglés 10 estadounidense

2

Nacionalidad	País
española (f)	España
turca (f)	Turquía
uruguayo (m)	Uruguay
paraguayo (m)	Paraguay
griego (m)	Grecia
chileno (m)	Chile
mexicano (m)	México
alemana (f)	Alemania
egipcio (m)	Egipto
ecuatoriano (m)	Ecuador
galés (m)	Gales
guatemalteco	Guatemala

3 **a** Brasil **b** Argentina **c** México **d** Perú
e Uruguay **f** Bolivia **g** Guatemala
h Honduras **i** Nicaragua **j** Venezuela
k Paraguay **l** Ecuador **m** Chile
n El Salvador **o** Colombia **p** Costa Rica
q Panamá **r** Puerto Rico **s** Cuba
t República Dominicana

Sección C *Gramática*
1 1 irlandés; irlandesa 2 español; espanola
3 italiano; italiana 4 portugués; portuguesa
5 cubano; cubana 6 estadounidense;
estadounidense 7 colombiano; colombiana
8 guatemalteco; guatemalteca 9 ecuatoriano;
ecuatoriana 10 venezolano; venezolana

2 1 es de 2 es 3 soy 4 eres de 5 soy de
6 Eres de 7 es 8 Soy

3 1 eres 2 Soy 3 eres 4 Soy 5 es
6 es 7 es

Sección D *Actividades*
1 1 hermano 2 mujer/esposa 3 hermana
4 madre 5 hijo 6 padre 7 marido/esposo
8 hijo

2 1 Sí, tengo hermanos./No, no tengo hermanos
2 Tengo ..../No tengo hermanos.
3 Tengo ..../No tengo hermanas.
4 Se llama ....
5 Sí, tengo hijos./No, no tengo hijos.
6 Tengo ....
7 Se llama ....
8 Se llama ....

3 1 ¿Cómo se llama tu/su madre?
2 ¿Cuántos hijos tiene(s)?
3 ¿Cómo se llama el marido de Marta?
4 ¿Tiene(s) hermanos?
5 ¿Cómo se llama tu/su padre?
6 ¿Tiene(s) padres?

Sección D *Gramática*

1 1 el hermano   2 el padre   3 el hijo

2 1 los hermanos   2 las hijas   3 los maridos
4 los padres   5 las madres   6 los padres
7 los hermanos

3 1 tienes; tengo; tu   2 tiene; tiene; de; de
3 tu; mi; de

Repaso de toda la lección

2 1 Carmen es de Bogotá, de Colombia.
2 Es de España; es español   3 Es profesora.
4 No.
5 Dos, un hermano y una hermana.   6 Marta.
7 Su hijo.   8 Su hermano.

Lección 2

Secciones A y B *Actividades*

1 1 zumo de naranja/zumo de limón
2 café con leche   3 patatas fritas
4 agua con gas/agua sin gas
5 té con limón/té con leche
6 tortilla de patata/tortilla de jamón
7 bocadillo de jamón/bocadillo de queso
8 empanadillas fritas   9 vino blanco

2 Comidas: jamón, tortilla, bocadillos, calamares,
hamburguesa
Comidas vegetarianas: olivas, pan, patatas fritas
Bebidas: agua, zumo, café, cortado, té, leche
Bebidas alcohólicas: cerveza, vino
Nota: *tortilla* y *bocadillos* pueden ser también
vegetarianos.

3 1 Quiero calamares/empanadillas, etc.
2 ¿Qué hay?
3 ¿Hay tortilla de jamón?
4 ¿Hay tortilla de patata?
5 Quiero tortilla de patata.
6 Quiero agua/cerveza, etc.
7 Nada más. ¿Cuánto es?

Secciones A y B *Gramática*

1 a   1 el   2 el   3 los   4 la   5 las   6 las
7 el   8 los   9 la
b   1 un   2 unas   3 un   4 una   5 unas
6 unos   7 una   8 un

2 1 –   2 –   3 –   4 un   5 el   6 Las   7 un
8 un   9 un   10 –   11 –   12 –   13 –
14 –   15 una   16 un   17 –   18 –   19 –

3 1 Quieres   2 hay   3 Hay   4 Quiero
5 Quieres   6 Quiero   7 Quieres   8 Quiero
9 Hay   10 hay   11 Quieres   12 quiero
13 quieres   14 Quiero

Secciones C y D *Actividades*

1 Hidratos de carbono: patatas, pan, pastel,
azúcar, pasta
Grasas: chocolate, mantequilla
Proteínas: pollo, leche, pescado, ternera, huevo,
trucha
Frutas y verdura: naranja, manzana, lechuga,
coliflor, champiñón

2 1 Quiero ensalada mixta/sopa de lentejas/
gazpacho.   2 Quiero pollo asado/pescado a la
plancha/salchichas.   3 Con patatas/ensalada.
4 Sí, ¿qué frutas hay?   5 Quiero naranja/
manzana/pera.   6 Sí/No, gracias.

3 1 c   2 e   3 d   4 a   5 b

Secciones C y D *Gramática*

1 1 los 2 el 3 las 4 las 5 el 6 la
7 los 8 el

2 1 vives 2 Vivo 3 vive 4 vive 5 vivo

3 1 De dónde Quién 2 Cómo 3 Dónde
4 Quién 5 Cuál 6 Qué

Secciones D, E y F *Actividades*

1 1-12 (CALLE) 3-8 (PLAZA)
10-14-2-13 (CARRETERA)
4-11-6-15 (AVENIDA) 9-7-5 (PASEO)

2 1 C/ 2 Pza. 3 Sr. 4 Sra. 5 Pº. 6
Ctra.
7 Srta. 8 Avda. 9 Nº 10 1º, 1er

Repaso de toda la lección

2

	Jaime	Marisa	Pedro
Primer plato	ensalada	sopa de pollo	tortilla de patata
Segundo plato	macarrones	bistec con patatas fritas/pavo	nada
Postre	helado	helado/fruta	flan
Bebida	agua	vino/cerveza	agua

Lección 3

Secciones A, B y C *Actividades*

1 1 Bogotá está en Colombia. Está en el norte de Colombia.
2 Buenos Aires está en Argentina. Está en el este de Argentina.
3 Montevideo está en Uruguay. Está en el sur de Uruguay.
4 Lima está en Perú. Está en el oeste de Perú.
5 Caracas está en Venezuela. Está en el norte de Venezuela.
6 Quito está en Ecuador. Está en el norte de Ecuador.
7 Santiago está en Chile. Está en el centro de Chile.
8 Ciudad de México está en México. Está en el sudeste de México.
9 Asunción está en Paraguay. Está en el sur de Paraguay.
10 La Paz está en Bolivia. Está en el oeste de Bolivia.

3 1 b 2 c 3 c 4 b 5 a 6 b 7 a 8 c

Secciones E y F *Gramática*

1 a 1 75 2 87 3 97 4 35 5 21 6 56
7 48 8 15 9 19
b 1 cincuenta y cuatro 2 sesenta y seis
3 setenta y ocho 4 noventa y dos
5 dieciocho 6 veintisiete 7 treinta y cinco
8 trece 9 cuarenta y cuatro

2 a 1 Cuántos 2 tiene 3 Tiene 4 Cuántos
5 tienes 6 tengo
b 1 Cómo 2 Se escribe 3 Cuántos
4 Tengo 5 Cuál 6 de teléfono

2 1 a 2 i 3 j 4 f 5 b 6 h 7 g 8 e
9 c 10 d

3 1 Barcelona está en la Comunidad de Cataluña. Está en el noreste de España. Es grande: tiene 1.600.000 habitantes. Madrid está a 621km. Tarragona está cerca. Sevilla está muy lejos.
2 La Coruña está en la Comunidad de Galicia. Está en el noroeste de España. Es pequeña: tiene 250.000 habitantes. Barcelona está a 1.109km. Pontevedra está cerca. Madrid está lejos.
3 Valladolid está en la Comunidad de Castilla-León. Está en el centro de España. Es mediana: tiene 335.000 habitantes. Madrid está a 200 km. Ávila está cerca. Barcelona está lejos.
4 Sevilla está en la Comunidad de Andalucía. Está en el sur de España. Es grande: tiene 720.000 habitantes. Madrid está a 542km. Granada está cerca. La Coruña está lejos.

Secciones A, B y C *Gramática*

1 **1** tiene **2** hay **3** es **4** está **5** hay
6 tiene **7** son **8** está

2 **1** es **2** está **3** está **4** es **5** está **6** está
7 está **8** es

3 **1** ¿Sevilla es grande?/¿Es grande Sevilla?
2 ¿A cuántos kilómetros está Bilbao de Sevilla/
Sevilla de Bilbao?
3 ¿Cómo es Barcelona?
4 ¿Dónde está Zaragoza?
5 Zaragoza está en el noreste de España.
6 La plaza está en el centro de la ciudad.
7 Hay un cine muy grande en el centro.
8 Hay muchos edificios antiguos en Barcelona.

Sección D *Actividades*

1 **1** b (Juan) **2** e (Luis) **3** a (Catalina)
4 d (Ana) **5** c (Manuel)

2 **1** Todo recto, la segunda a la izquierda, la
primera a la derecha.
2 Todo recto, la primera a la izquierda, y la
tercera a la derecha.
3 Todo recto, al final de la calle.
4 Todo recto, primera a la derecha.
5 [Hay varias rutas.]

Sección C *Gramática*

1 **1** está; está **2** estoy; estás **3** está
4 estoy; estoy **5** está; Estás **6** estoy; está

2 **1** está **2** está **3** Está **4** es **5** Es; está

3 **1** la; a la **2** al **3** la; a la **4** a la **5** Al

Secciones E y F *Actividades*

1 Plano C

2 En el plano A, hay un hotel enfrente de la
discoteca. En el plano B, hay un parque.
En el plano A, el restaurante Goya está entre el
supermercado y el banco. En el plano B el
banco está entre el supermercado y el
restaurante Goya.

En el plano A, el banco está entre el restaurante
Goya y el cine. En el plano B, el restaurante
Goya está entre el banco y el cine.

Secciones E y F *Gramática*

1 **1** en la esquina **2** al lado de **3** enfrente de
4 en el semáforo **5** sobre; debajo de
6 delante de; detrás de **7** entre

2 **1** b **2** d **3** a **4** f **5** c **6** e

3 **a 1** una **2** una **3** la **4** la **5** La **6** la
b 1 un **2** un **3** la **4** El **5** la **6** el
7 un **8** la

Repaso de toda la lección

2 **1** a **2** b **3** c **4** b **5** b **6** a

Lección 4

Sección A *Actividades*

1 **1** e **2** c **3** f **4** d **5** h **6** b **7** a **8** g

2 **1** Dos habitaciones, por favor.
2 Para dos noches.
3 No. Con ducha, por favor.
4 De acuerdo. Con baño.
5 Queremos cenar.
6 ¿Cuánto es?

3 **1** 20/2 **2** 25/12 **3** 8/10 **4** 16/5 **5** 3/11
6 30/9 **7** 1/2 **8** 13/3 **9** 11/1

Sección A *Gramática*

1 **1** con; para **2** para **3** con; con; con **4** con
5 con; con **6** para **7** para **8** sin

2 **1** el cuatro de junio **2** el uno de marzo
3 el tres de abril **4** el veintitrés de octubre
5 el quince de noviembre **6** el diecinueve de
diciembre **7** el treinta y uno de mayo
8 el doce de septiembre **9** el diez de agosto

3 **1** el **2** la **3** la **4** la **5** el **6** la **7** la
8 la **9** la **10** el **11** el **12** la

Sección B *Actividades*

1 **a** **1** calefacción **2** restaurante **3** discoteca
4 peluquería **5** piscina **6** ascensor
7 cafetería **8** servicio camarero
9 aire acondicionado
b **1** h **2** a **3** f **4** b **5** i **6** c **7** g
8 d **9** e

2 **1** bonito **2** grande **3** veinte **4** cómodo
5 antiguo **6** calefacción **7** doble
8 frigorífico **9** cama **10** terraza **11** jardín
12 restaurante **13** pueblo **14** tiendas
15 discoteca

3 **1** Isabel **2** Juan **3** en los Pirineos
4 bonito, antiguo, no muy grande
5 Marimar **6** veinte
7 doble, con baño completo
8 televisión con satélite, frigorífico, una cama
grande y cómoda, una terraza con vistas a la
montaña.
9 jardín, piscina, parque infantil, bar,
restaurante
10 pistas de tenis, discoteca

Sección B *Gramática*

1 **1** grande **2** pequeña **3** moderna
4 cómodo **5** bonita **6** moderno **7** grande
8 bonito **9** moderna **10** económico
11 rápido **12** cómoda

2 **1** hay **2** está **3** es **4** es **5** Hay **6** está
7 está **8** Hay

3 **1** Cómo **2** Dónde **3** Qué **4** Qué
5 Cómo **6** Dónde **7** Dónde **8** Qué

Secciones C y D *Actividades*

1 El piso A tiene un pasillo, dos dormitorios, dos
baños, una cocina, un salón-comedor y una
terraza. El baño está enfrente del dormitorio,
etc.
El piso B tiene un pasillo, un dormitorio, dos
baños, una cocina, un salón-comedor y una
terraza. El dormitorio está al lado de la cocina,
etc.

El piso C tiene un pasillo, dos dormitorios, un
baño, una cocina, un salón-comedor y una
terraza. La cocina está enfrente del salón, etc.

2 **1** C **2** B **3** D **4** A

3 **1** La bañera está en el cuarto de baño.
2 La lámpara está en el dormitorio/salón.
3 El armario está en el dormitorio.
4 El sofá está en el salón.
5 La ducha está en el cuarto de baño.
6 La silla está en el comedor.
7 La estantería está en el salón.
8 La mesilla de noche está en el dormitorio.
9 La cama está en el dormitorio.
10 El frigorífico está en la cocina.

Secciones C y D *Gramática*

1 **1** la casa bonita ➜ las casas bonitas
2 el hotel moderno ➜ los hoteles modernos
3 el apartamento grande ➜ los apartamentos
grandes
4 la habitación desordenada ➜ las habitaciones
desordenadas
5 el ascensor rápido ➜ los ascensores rápidos
6 la piscina vacía ➜ las piscinas vacías
7 la cocina limpia ➜ las cocinas limpias
8 el piso cómodo ➜ los pisos cómodos
9 el comedor viejo ➜ los comedores viejos
10 el baño pequeño ➜ los baños pequeños

2 **1** La casa es cara ¿Cómo es la casa? Las casas
son caras.
2 La habitación está limpia. ¿Cómo está la
habitación? Las habitaciones están limpias.
3 La ciudad es grande. ¿Cómo es la ciudad? Las
ciudades son grandes.
4 El piso está sucio. ¿Cómo está el piso? Los
pisos están sucios.
5 La cocina es pequeña. ¿Cómo es la cocina?
Las cocinas son pequeñas.
6 El salón está vacío. ¿Cómo está el salón? Los
salones están vacíos.
7 El café está caliente. ¿Cómo está el café? Los
cafés están calientes.
8 El vino es caro. ¿Cómo es el vino? Los vinos
son caros.
9 El restaurante es nuevo. ¿Cómo es el
restaurante? Los restaurantes son nuevos.

10 El hotel es viejo. ¿Cómo es el hotel? Los hoteles son viejos.

11 El vaso está lleno. ¿Cómo está el vaso? Los vasos están llenos.

12 El dormitorio está desordenado. ¿Cómo está el dormitorio? Los dormitorios están desordenados.

3 Vivo en el tercer piso, segunda puerta. Mi amigo Juan vive en el quinto piso, primera puerta. Mi amiga Susana vive en el noveno piso, cuarta puerta. Mi hermano vive en el primer piso, octava puerta. Mis padres viven en el décimo piso, puerta tercera. Mi tía vive en el octavo piso, sexta puerta. Mis primos viven en el séptimo piso, quinta puerta.

Repaso de toda la lección

2 **A** Hotel Sol **B** Hotel Pirineos **C** Hotel Carlos I

3 Estimado señor/Estimada señora: Quiero/Deseo/Quisiera reservar dos habitaciones en su hotel para siete noches, del 28 de enero al 3 de febrero. Quiero/Queremos una habitación doble para dos adultos y una sencilla para un niño; las dos habitaciones con baño completo. Quiero/Queremos media pensión, con desayuno y cena. ¿Hay televisión en la habitación? ¿Hay frigorífico y aire acondicionado? ¿Hay jardín y piscina? ¿Y parque infantil? Muchas gracias. Un saludo . . .

Lección 5

Secciones A y B *Actividades*

1 Juan come en el restaurante/en casa. Yo compro libros/cerveza. Tú comes en casa/en el restaurante. Marta trabaja en un hospital/en casa/en una fábrica/en la calle Mayor. Tú escuchas mucha música/música clásica. Yo escucho música clásica/mucha música. Ella vive en la calle Mayor. Tú trabajas en un hospital/en casa/en una fábrica. Yo estudio alemán/música clásica. Luis bebe cerveza.

2 Pepe vive en Madrid, trabaja en una fábrica. Come en casa (a mediodía) y estudia inglés por las tardes. Escucha música rock y compra libros de humor.

Yo vivo en Barcelona, trabajo en una oficina y estudio español por las tardes. A mediodía como en un restaurante. Escucho música clásica y compro revistas de turismo.

3 **1** En México son las diez de la mañana.
2 En Uruguay es la una de la tarde.
3 En Pakistán son las ocho de la tarde.
4 En Filipinas son las doce de la noche.
5 En Perú son las once de la mañana.
6 En California son las nueve de la mañana.
7 En Inglaterra son las cuatro de la tarde.
8 En Japón son las dos de la mañana (madrugada)

Secciones A y B *Gramática*

1 **Horizontal: 3** estudias **4** come **5** comes **6** vivo **7** trabajo
Vertical: 1 vives **2** escucho **3** escucha **4** compra

2 **1** Son las siete menos cuarto.
2 Son las ocho menos diez.
3 Son las diez y veinticinco.
4 Es la una y cuarto.
5 Son las nueve y media.
6 Son las siete menos veinticinco.
7 Son las cuatro menos veinte.
8 Son las seis menos diez.
9 Son las tres menos cinco.

3 **1** haces **2** Estudias **3** trabajas **4** trabajo **5** estudio **6** comes **7** Como **8** Comes **9** como **10** ceno **11** trabajas **12** Trabajo **13** Vives **14** vivo **15** haces **16** Escucho **17** trabaja **18** trabaja **19** come **20** compra **21** come

Sección C *Actividades*

1 **a** 1 Me despierto a las siete.
b 11 Me acuesto a las once y media.
c 5 Desayuno a las ocho.
d 2 Me levanto a las siete y cuarto.
e 10 Veo la televisión a las diez.

f 7 Voy al trabajo a las nueve.
g 3 Me ducho a las siete y media.
h 12 Leo a las doce menos cuarto.
i 4 Me visto a las ocho menos cuarto.
j 6 Salgo de casa a las ocho y media.
k 8 Como a la una y media.
l 9 Vuelvo a casa a las seis y media.

2   1 Juego   2 Leo   3 Me levanto   4 Voy
5 Veo   6 Me acuesto   7 Me baño
8 Compro   9 Vuelvo   10 Hago

3   Domingo (hora)

9.00 mañana	me levanto
9.30 mañana	desayuno
11 mañana	juego/voy a/veo un partido de fútbol
2.00 tarde	como en casa
4 tarde	voy a casa de Javier a escuchar música
6.00 tarde	voy de compras con Javier
7.30 tarde	tomo un café con mis amigos
9 tarde	ceno con mi hermano
10.30 noche	voy al cine
12.30 noche	voy a la discoteca

Sección C *Gramática*

1   1 Me   2 se   3 te   4 te   5 Me   6 Te; te
7 me   8 se   9 Te   10 me

2   Juan se levanta a las nueve de la mañana. A las nueve y media desayuna. A las once de la mañana juega/va a/ve un partido de fútbol. Come en casa a las dos de la tarde. A las cuatro de la tarde va a casa de Javier a escuchar música. A las seis de la tarde va de compras con Javier. A las siete y media de la tarde toma un café con sus amigos. Cena con su hermano a las nueve de la tarde. A las diez y media de la noche va al cine. A las doce y media va a la discoteca.

3   1 ¿A qué hora te levantas?/¿Te levantas a qué hora?
2 Yo salgo de casa a las siete.
3 Veo la televisión a las diez.
4 Voy a mi trabajo a las ocho y media.
5 Me acuesto a las once y media.

6 Salgo con mis amigos por la tarde.
7 Como en un restaurante con mi familia./Como con mi familia en un restaurante.
8 Vuelvo a casa a las ocho.

Sección D *Actividades*

1

Cualidad	Defecto
sensible	insensible
tranquilo	nervioso
responsable	irresponsable
abierto	tímido
simpático	antipático
fuerte	débil
sincero	mentiroso
trabajador	perezoso
optimista	pesimista
inteligente	tonto

2   1 antipático   2 débil   3 tímido   4 optimista
5 trabajador

Sección D *Gramática*

1   1 sincero   2 inteligente   3 responsable
4 simpático   5 trabajador   6 nervioso
7 tímido   8 fuerte   9 optimista
10 tranquilo   11 sensible

2   sincero ➜ sinceros; inteligente ➜ inteligentes; responsable ➜ responsables; simpático ➜ simpáticos; trabajador ➜ trabajadores; nervioso ➜ nerviosos; tímido ➜ tímidos; fuerte ➜ fuertes; optimista ➜ optimistas; tranquilo ➜ tranquilos; sensible ➜ sensibles

3   sincera ➜ sinceras; inteligente ➜ inteligentes; responsable ➜ responsables; simpática ➜ simpáticas; trabajadora ➜ trabajadoras; nerviosa ➜ nerviosas; tímida ➜ tímidas; fuerte ➜ fuertes; optimista ➜ optimistas; tranquila ➜ tranquilas; sensible ➜ sensibles

Repaso de toda la lección

2   1 Aries   2 Aries   3 Tauro
4 Cáncer, Escorpio   5 Géminis, Piscis, Virgo
6 Capricornio, Leo   7 Tauro   8 Acuario

3 *Un ejemplo:*

Querido amigo:

Estoy de vacaciones con unos amigos en la playa. Mis amigos son muy simpáticos, pero Ana es perezosa, no hace nada y Luis es tímido y no habla. Pedro es abierto y sincero, pero María es un poco mentirosa y nerviosa. Hago muchas cosas. Todos los días me levanto tarde y nado en la playa, tomo el sol y paseo con mis amigos. Ceno en restaurantes y tomamos refrescos en los bares. A veces juego al tenis o voy de excursión. Son unas vacaciones estupendas y lo paso muy bien. Hasta pronto . . .

Lección 6

Secciones A y B *Actividades*

1 **a** ciento cincuenta gramos de jamón/un cuarto kilo de queso/una botella de leche/medio litro de aceite
b dos kilos de patatas/medio kilo de tomates/tres cuartos de uvas/un kilo de peras
c un pollo/un kilo y medio de salchichas/medio kilo de chorizo

2 **Horizontal: 2** vinagre **4** litro **9** lomo **10** pastel **11** carne **12** tienda
Vertical: 1 lata **2** verdura **3** kilo **5** cebolla **6** frutería **7** pollo **8** pera **10** pan

3 salchichas 4,20; aceite 3,30; plátanos 1,60; cebollas 1,10; pollo 6,15; trucha 3,60; pan 0,70; leche 0,90; agua mineral 0,90; chocolate 1,20; manzanas 2,85

Secciones A y B *Gramática*

1 **1** las **2** la **3** el **4** las **5** el **6** las **7** la **8** el **9** el **10** los

2 **1** ¿Cuántas quiere? **2** ¿Cuánta quiere?
3 ¿Cuántos quiere? **4** ¿Cuánta quiere?
5 ¿Cuánto quiere? **6** ¿Cuántos quiere?
7 ¿Cuánto quiere? **8** ¿Cuánto quiere?
9 ¿Cuántas quiere? **10** ¿Cuánto quiere?
11 ¿Cuántas quiere?

3 **1** 1.751 **2** 3.381 **3** 533 **4** 403 **5** 8.736 **6** 2.108 **7** 5.050 **8** 112 **9** 10.415 **10** 957 **11** 15.500

Secciones C, D y E *Actividades*

1 **1** aceite **2** medicinas **3** azúcar **4** libros **5** carpetas

2 g, c, b, d, h, l, f, a, e, n, m, k, j, o, i

3 **1** Chus **2** Quico **3** Javier **4** Marta **5** Moncho

4 **1** El museo abre a las once y media.
2 El banco abre a las nueve y media.
3 Las tiendas cierran a las siete y media.
4 La película empieza a las cinco y media.
5 Las discotecas abren a la una y media.
6 La clase de español termina a la una y media.
7 Las fiestas empiezan a las nueve y media.
8 Las clases terminan a las diez y media.
9 El museo cierra a las siete y cuarto.

Secciones C, D y E *Gramática*

1 **1** Esta **2** Este **3** Esta **4** Estas **5** Estos **6** Este **7** Estas **8** Estos **9** Esta **10** Estas **11** Este

2 **1** blanca **2** morenos **3** rubias **4** blanco **5** negros **6** amarilla **7** liso **8** negros **9** gris **10** grises **11** bonita **12** cara

3 **1** empieza **2** Quieres **3** prefiero **4** cierra **5** empiezo **6** quiere **7** tiene **8** tienes **9** cierro **10** empiezas

Repaso de toda la lección

2 **1** 3ª planta **2** 2ª planta **3** So (sótano) **4** 5ª planta **5** 1ª planta **6** Ba (planta baja) **7** Ba (planta baja) **8** 6ª planta **9** 3ª planta **10** 5ª planta

Lección 7

Sección A *Actividades*

1 **1** Buenos Aires **2** Asunción **3** La Habana
4 Lima **5** Managua **6** Santiago **7** Bogotá
8 Quito **9** Montevideo

2 **1** queso, pimienta **2** azúcar, lechuga
3 mantequilla, naranja

3 Querido amigo:
Yo estoy en Villanúa de vacaciones. Villanúa
está en el norte de España. Es un pueblo
pequeño y bonito, está en la montaña. Está
lejos de Madrid. Está a 450 kilómetros de
Madrid. Villanúa tiene dos mil habitantes. Mi
hotel está en la Calle Mayor, está a la izquierda,
al lado de la estación. En la Plaza Pirineos hay
una iglesia interesante, está a la derecha del
museo. Un abrazo:

4

piso en la ciudad		apartamento en la playa	
cuarto de baño	cocina	cuarto de baño	cocina
salón	dormitorio de mis padres	salón	comedor
comedor	mi dormitorio	dormitorio de mis padres	mi dormitorio

5 MARISA ¿A qué hora te levantas?
ISABEL Me levanto a las siete de la mañana.
MARISA ¿Qué haces todos los días?
ISABEL Voy a la universidad. Estudio por las
mañanas, como en la universidad,
trabajo por las tardes y vuelvo a casa.
MARISA ¿Qué haces por las tardes?
ISABEL Leo revistas y veo la televisión.
MARISA ¿A qué hora te acuestas?
ISABEL Me acuesto a las once y media de la
noche.

MARISA ¿Y qué haces los fines de semana?
ISABEL Los sábados compro (voy de
compras), salgo con mis amigos, ceno
en un restaurante, voy al cine, bailo y
me acuesto tarde. Los domingos me
levanto tarde, duermo hasta las doce,
juego al fútbol, como en casa y
descanso.

6 **1** pies ➔ ojos **2** rubios ➔ marrones
3 bigote ➔ pelo **4** anillo ➔ pendiente
5 sandalia ➔ gorra **6** falda ➔ camisa
7 dorados ➔ blancos **8** talla ➔ número
9 pollo ➔ jersey **10** papel ➔ flores

Sección B *Más gramática*

1 Buenos días, ¿cómo está (usted)? ¿Se llama
(usted) Pedro González?
Buenos días. Sí, me llamo Pedro González. ¿Y
usted? ¿cómo se llama?
Luis Martínez. Mucho gusto. ¿Es usted
ingeniero, Sr. González?
Sí, soy ingeniero, ¿y usted, qué es, Sr.
Martínez?/¿Cuál es su profesión?
Soy arquitecto. ¿De dónde es usted?
Soy de Barcelona, ¿y usted?
Soy de Madrid.

2 **1** vivo **2** tengo **3** quiere **4** escribe
5 Hay **6** tienes **7** llama **8** eres **9** Vive
10 soy

3 **1** estoy **2** está **3** es **4** es **5** Está
6 está **7** Está **8** de **9** tiene **10** está
11 hay **12** está

4 **1** es **2** Es **3** es **4** está **5** Está **6** está
7 es **8** es **9** Es **10** tiene **11** Tiene
12 son **13** es **14** tiene/hay **15** hay/tiene
16 está **17** está **18** Está **19** hay/tiene

5 **1** ¿Dónde vives/vive (usted)?
2 ¿Qué eres/es?/¿Cuál es tu/su profesión?
3 ¿A qué hora empieza a trabajar Juan?
4 ¿Qué quiere?/¿Qué desea?/¿Qué va(s) a
tomar?
5 ¿A qué hora vuelve a casa María?
6 ¿Cuántos años tiene(s)?

7 ¿Cuándo haces/hace usted los deberes de español?
8 ¿Cuándo te levantas?/¿Cuándo se levanta?
9 ¿A qué hora cierra la tienda?
10 ¿A qué hora/Cuándo sale Juan de casa?

6 **1** 2.797 **2** 875 **3** 5.482 **4** 7061
5 4.583 **6** 9.313 **7** 5.211 **8** 1.766
9 10.042 **10** 6.054

Sección C *Test*

1 Hola, buenas tardes, buenas noches, adiós

2 **1** ¿Cómo te llamas?/¿Cómo se llama (usted)?
2 ¿Qué eres?/¿Qué es?/¿Cuál es tu/su profesión? **3** ¿De dónde eres/es? **4** ¿Cuántos años tiene(s)? **5** ¿Tienes hermanos?/¿Cuántos hermanos tienes?

3 **1** chileno/chilena **2** irlandés/irlandesa
3 brasileño/ brasileña **4** venezolano/ venezolana

4 padre, madre, hermano, primo/a, tío/a, abuelo/a, hijo/a

5 **1** treinta y ocho, diez, veintisiete
2 cincuenta y cinco, cero cero, sesenta y ocho
3 veintitrés, treinta y cinco, cuarenta y tres

6 queso, tortilla, jamón, huevos, pollo, calamares, bocadillo, empanadillas, pescado, pan, etc.

7 café solo, café con leche, vino blanco/tinto, agua con gas/sin gas, cerveza, cortado, té solo, té con leche, un zumo de naranja, etc.

8 **1** Quieres/Hay **2** quiero/hay **3** quieres
4 quiero **5** hay

9 **1** señora **2** segundo **3** plaza **4** calle
5 señorita **6** avenida

10 **1** Zaragoza está en el noreste de España.
2 Tiene ochocientos mil habitantes.
3 Está a trescientos kilómetros de Madrid.

11 a la izquierda, todo recto, en la esquina, enfrente (de), al lado (de), sobre, debajo, delante, detrás, entre, etc.

12 **1** habitación **2** baño/ducha **3** noches/días
4 desayuno

13 **1** el trece de abril **2** el veinticinco de diciembre **3** el quince de enero
4 el treinta de julio **5** el doce de noviembre
6 el once de mayo

14 televisión, nevera (frigorífico), teléfono, ascensor, piscina, tienda, jardín, parque infantil, discoteca, peluquería, etc.

15 la cocina, el salón, el comedor, el cuarto de baño, el dormitorio, el pasillo, el w.c., etc.

16 **1** Es bonita/grande/fea/antigua/vieja, etc.
2 Está sucia/desordenada/vacía/fría/limpia/ caliente/ordenada, etc.

17 Me levanto, desayuno, como, voy al trabajo, salgo de casa, veo la televisión, trabajo, vuelvo a casa, ceno, me acuesto, etc.

18 **1** Son las tres y media de la tarde.
2 Son las once menos cuarto de la mañana.
3 Son las ocho menos veinte de la mañana.
4 Son las siete y cuarto de la tarde.
5 Es la una y cinco de la tarde.
6 Son las diez y veinticinco de la noche.

19 responsable, inteligente, sincero/a, simpático/a, trabajador(a), fuerte, optimista, sensible, etc.

20 blanco, amarillo, rojo, azul, negro, marrón, naranja, rosa, verde, etc.

21 panadería, carnicería, pescadería, charcutería, pastelería, verdulería, frutería, farmacia, estanco, papelería, etc.

22 **1** lata **2** botella **3** docena **4** bote
5 caja **6** cuarto

23 **1** 2.810   **2** 340   **3** 5.595   **4** 670
   5 3.102   **6** 7.953

24 **1** medicinas, aspirina, tiritas   **2** sellos, sobres
   3 revistas, periódicos   **4** pinturas, cepillos
   (para limpiar)

25 pantalón (pantalones), abrigo, chaqueta,
   vestido, corbata, camisa, blusa, jersey, etc.

26 alto/a, bajo/a, rubio/a, moreno/a, delgado/a,
   gordo/a, etc.

27 **1** abre; cierra   **2** empieza, termina

Lección 8

Sección A *Actividades*

1 **1** Me gusta el queso.   **2** Me gustan las
naranjas.   **3** Me gusta el tenis.   **4** Me gustan
los perros.   **5** Me gusta el cine.   **6** No me
gustan los tomates.   **7** No me gusta el jamón.
8 No me gustan los plátanos.   **9** No me gusta
el vino.   **10** No me gustan los gatos.
11 Me gusta el teatro.   **12** Me gusta la playa.

2 A+D   B+F   C+E

3 Querido amigo/a:
Me llamo María y quiero compartir tu piso.
Creo que tenemos muchas cosas en común. Me
encanta leer novelas clásicas y hago mucho
deporte. Me encanta el cine y salgo mucho.

Sección A *Gramática*

1 **1** Me gusta   **2** Me gustan   **3** Me gusta
4 Me gustan   **5** me gustan   **6** Me gusta
7 me gusta   **8** Me gusta   **9** Me gustan
10 me gusta

2 **1** te gusta   **2** Me gusta/encanta
3 me gusta   **4** te gusta   **5** Me gustan
6 me encantan   **7** te gustan   **8** Me gustan
9 me gusta   **10** me gusta   **11** me encanta
12 te gustan   **13** Me gustan   **14** me
gustan/interesan   **15** me interesan   **16** Te
gusta   **17** me interesan

3 **1** Me gusta mucho la playa.
   2 No me gustan las manzanas.
   3 Le gusta mucho ir a España.
   4 ¿Te gustan las discotecas?
   5 No le gusta comer en restaurantes.
   6 ¿Te gustan los deportes de invierno?
   7 Me gustan las películas de terror.
   8 No me gusta bailar en las discotecas.

Sección B *Actividades*

1

	puntos positivos	puntos negativos
medio ambiente	2, 8	5, 10, 12, 16
habitantes	1	3
tráfico		4, 6, 11, 17
transporte	9, 18	
servicios	13	7, 14, 15, 19, 20

2 **1** Es grande y hay muchos lugares y
monumentos, muchos cines, teatros, cafeterías,
tiendas, etc.
2 Hay objetos prehispánicos.
3 Es un famoso pintor mexicano.
4 Hay actuaciones del Ballet Folklórico de
México.
5 Hay muchos monumentos de interés del gran
imperio azteca.
6 Tiene aproximadamente 18 millones de
habitantes.
7 Se llaman camiones y peseras.
8 Es un estilo de música muy popular en todo
el país.
9 Es el 15 y el 16 de septiembre.
10 Es una fiesta nacional.

3 Usa estas estructuras:
1 Mi ciudad se llama . . .
2 Está en . . .
3 Es pequeña/grande . . .
4 Me gusta mucho/poco.
5 Lo que más me gusta es/son . . .
6 Lo que menos me gusta es/son . . .
7 Hay tiendas, mercados, . . .
8 Las tiendas son bonitas, los monumentos son
interesantes . . .
9 En el museo hay pinturas (cuadros) del
pintor X, esculturas del escultor Y . . .
10 La gente es muy simpática/Los habitantes
son . . .

Sección B *Gramática*

1 **A 1** Es **2** es **3** son **4** me gustan **5** hay
6 hay **7** son **8** encanta **9** están
10 gusta **11** cierran
B 1 gusta **2** Hay **3** es **4** Es **5** gusta
6 son

2 **1** Me **2** Le **3** Nos **4** Les **5** Te **6** Os
7 Me **8** Le **9** Nos

3 **1** por **2** en **3** en **4** a **5** con **6** de
7 por; en **8** de **9** de

Sección C *Actividades*

1 **1** ✗ **2** ✔ **3** ✔ **4** ✔ **5** ✗ **6** ✗ **7** ✗
8 ✔ **9** ✗ **10** ✔

2 **1** salgo **2** empieza **3** trabajo **4** reunimos
5 salimos **6** tomamos **7** vamos **8** vamos
9 salimos **10** salimos **11** pasáis
12 pasamos

3 Querido Luis:
La conferencia es muy interesante. Nos
levantamos pronto porque a las ocho
desayunamos. A las nueve tenemos la sesión
plenaria y a las nueve y media empieza/tenemos
la primera conferencia. A las once hay un
descanso y tomamos un café. A las once y
media hay una reunión de grupos y a las doce y
media hay/tenemos la segunda conferencia. A
la una y media tomamos el aperitivo y a las dos
comemos. A las tres y media
tenemos/empieza/hay otra sesión plenaria y a
las cuatro y cuarto tenemos otras sesiones en
grupo. A las cinco hay otro
descanso/descansamos y tomamos refrescos otra
vez y a las cinco y media
continuamos/continúan las sesiones en grupo.
A las siete tenemos otro descanso antes de la
cena. A las nueve cenamos y a las diez y media
hay baile/bailamos. Hasta pronto.

Sección C *Gramática*

1 **1** ¿Te gusta ir al teatro?
2 Me gusta ir al cine.
3 Le gusta comprar en el mercado.
4 Nos gusta tomar un café por la tarde.
5 ¿Os gusta salir los domingos por la tarde?
6 Les gusta comer en este restaurante.
7 Me gusta nadar en la piscina todos los días.
8 Le gusta trabajar por la noche.
9 ¿Os gusta leer libros españoles?
10 Les gusta beber vino tinto.
11 ¿Te gusta estudiar español?

2 salimos, cenamos, comemos, vemos, vamos,
estamos, bebemos, leemos, tenemos, vivimos

```
A  T  P  O  I  C  K  G  A  H
B  E  B  E  M  O  S  U  H  I
N  N  A  V  E  M  O  S  Z  B
Y  E  D  A  E  E  S  T  L  V
E  M  Q  M  F  M  R  J  E  I
X  O  D  O  J  O  L  K  E  V
M  S  W  S  M  S  V  F  M  I
E  S  T  A  M  O  S  L  O  M
T  R  C  E  N  A  M  O  S  O
B  C  C  S  A  L  I  M  O  S
```

3 **1** Nosotros vamos al cine. **2** ¿Vais mucho al
teatro? **3** Leéis muchos libros. **4** Salimos
mucho. **5** Bailan todos los sábados.
6 Vivimos en un apartamento. **7** ¿Vais al
centro? **8** Tienen tres gatos. **9** Comemos en
el mismo restaurante. **10** Siempre beben
agua. **11** Trabajamos mucho.

Repaso de toda la lección

2 **a** 2, 6 **b** 4 **c** 2 **d** 4 **e** 5 **f** 5 **g** 1, 3
h 1, 3, 4 **i** 3, 6 **j** 5, 6

3 Ejemplo
Nombre	Antonio
Apellidos	Pérez López
Nacionalidad	española
Dirección	calle Flores no. 65 1º A
Profesión	Electricista
Edad	29
Personalidad	simpático, abierto, sincero

¿Qué te gusta? el cine, los deportes
¿Qué no te gusta? bailar, cocinar
Actividades de jugar al fútbol, leer,
tiempo libre escuchar música

Lección 9

Secciones A y B *Actividades*

1 1 Estoy cansado/a porque trabajo mucho.
2 Estoy sano/a porque hago mucho deporte.
3 Estoy triste porque mi amiga está enfadada.
4 No voy al trabajo porque estoy enfermo/a /
estoy resfriado/a.
5 No voy al cine porque estoy resfriado/a /
estoy enfermo/a.
6 Estoy contento porque tengo mucho dinero.

2 g, j, f, a, d, l, e, b, k, h, i, m, c

3 1 d 2 j 3 a 4 c 5 h 6 g 7 i 8 e
9 f 10 b

Sección C *Actividades*

1

Invitación	Aceptar	Negar	Excusas
3, 4, 10, 18	2, 5, 7, 13, 17	1, 9, 11, 14, 16	6, 8, 12, 15

Secciones A y B *Gramática*

1 1 están; Están 2 estás; Estoy 3 Están; están
4 estáis; estamos 5 estoy; está; Estoy
6 está; Está

2 1 Tienes que comer pescado.
2 Tenéis que hacer deporte.
3 Tienen que ir a la oficina en autobús.
4 Tienen que salir pronto.
5 Tienes que venir mañana.
6 Tengo que desayunar bien por las mañanas.
7 Tenemos que leer este libro.
8 Tenéis que venir con Marta.
9 Tengo que comprar este abrigo.
10 Tenemos que ver la película.
11 Tienes que llegar pronto al trabajo.

3 1 está 2 es 3 estoy 4 son 5 estamos
6 es 7 eres 8 estoy 9 estáis 10 somos

2

	1	2	3	4
Lugar original	hotel San Juan	cena en casa de unos amigos familiares	reunión	hablar
Día	viernes	hoy	hoy	hoy
Hora	10:00	21:00	16:00	16.30
Problema/ excusa:	conferencia cancelada	la niña está enferma y tiene fiebre/Pepe tiene que trabajar mañana	tiene que hacer un viaje urgente con su socio	tiene que salir antes de la oficina para ir al dentista
Alternativa	conferencia similar el sábado a las 9.30 en el mismo hotel	cena mañana a las ocho	la reunión el miércoles próximo a las once y media de la mañana	hablar a mediodía durante la comida

3 **1** No es posible tener la reunión en la oficina de la señora Rodríguez el lunes a las tres y media porque tenemos la visita del director general. ¿Podemos tener la reunión en tu oficina el martes a la misma hora? Gracias.
2 Lo siento mucho, pero no podemos ir a cenar con vosotros al Restaurante Tres Globos este viernes a las 9 de la noche porque tengo que trabajar (hasta) muy tarde. ¿Vamos el viernes próximo ? Hasta luego.
3 No podemos/No es posible tener la entrevista en la oficina del Sr. López el jueves a las 4.30 de la tarde porque tengo una cita muy importante en el hospital ¿Podemos tener la entrevista un día de la semana próxima? Gracias.

Sección C *Gramática*

1 **1** él **2** conmigo; contigo **3** contigo; ellos
4 vosotros; nosotros **5** ella **6** ellos
7 conmigo; contigo **8** nosotros; ellas

2 **1** Me gustaría ir al cine.
2 Le interesaría estudiar español.
3 Nos encantaría ir a esquiar.
4 ¿Te gustaría venir a la piscina?
5 Me interesaría escribir libros.
6 ¿Os gustaría venir a casa?
7 Le encantaría visitar Colombia.
8 ¿Le gustaría hablar español perfectamente?
9 Les encantaría viajar por Sudamérica.
10 ¿Les interesaría comprar la casa?
11 ¿Te gustaría tener más amigos?

3 **1** quieres/puedes; quiero/puedo
2 Puede/Quiere; puede **3** Quieres; quiero
4 queremos/podemos; queréis/podéis; podemos
5 quieren; quieren

Secciones D y E *Actividades*

1 Querido amigo:
Hoy es un día especial, es mi cumpleaños. Por la mañana, después de desayunar voy a comprar bebida y comida para la fiesta. A las once y media voy a tomar un café con Alicia en el bar Miguel. A las doce y cuarto voy a llamar a Ángel para organizar los discos. A las dos voy a comer con mis padres y tíos en el restaurante

Tres Globos. A las cinco voy a encontrar a Ana y Juanjo y a las cinco y media voy a comprar ropa para la fiesta, con Ana y Juanjo. A las seis y media voy a descansar en casa y a las ocho y cuarto voy a encontrar a mis amigos en el bar Teruel. A las nueve y media voy a cenar en un restaurante con varios amigos y a las once voy a tener la fiesta en casa con muchos amigos.

2 i, b, k, c, m, e, l, a, g, d, h, f, j

3 **1** ¡Qué bonito! **2** ¡Qué malas! **3** ¡Qué largo!
4 ¡Qué aburridos! **5** ¡Qué emocionante!
6 ¡Qué interesantes! **7** ¡Qué elegantes!
8 ¡Qué perezosas! **9** ¡Qué triste!

Secciones D y E *Gramática*

1 **1** Voy a cenar con mi familia.
2 Voy a hacer los deberes de español.
3 Vas a llegar tarde.
4 La tienda va a cerrar.
5 Voy a tener un examen.
6 Vamos a estudiar la lección.
7 Voy a salir de casa.
8 Vas a escribir una carta.
9 ¿Vais a ir de viaje?
10 ¿Va a empezar la película?
11 Van a ver la película.

2 **1** Voy a acostarme pronto.
2 Voy a levantarme pronto.
3 Van a acostarse tarde.
4 ¿Vas a ducharte después?
5 Va a lavarse los dientes.
6 Vamos a bañarnos en la piscina.
7 ¿Vais a vestiros para la fiesta?
8 Voy a peinarme con este peine.
9 Va a afeitarse ahora.

3 **1** Sí. ¡Qué bonita!/¡Qué bonita es la música!
2 Sí. ¡Qué difícil! ¡Qué difícil es el ejercicio!
3 Sí. ¡Qué larga! ¡Qué larga es la película!
4 Sí. ¡Qué malo! ¡Qué malo es el programa!
5 Sí. ¡Qué interesante! ¡Qué interesante es el libro!
6 Sí. ¡Qué enorme! ¡Qué enorme es la montaña!
7 Sí. ¡Qué buena! ¡Qué buena es la música!

8 Sí. ¡Qué rápido! ¡Qué rápido es el coche!

9 Sí. ¡Qué fuerte! ¡Qué fuerte es el hombre!

Repaso de toda la lección

2 **1** Está en el estuario del río de La Plata en el este del país.   **2** La plaza de Mayo.
3 12 millones.   **4** Es una ciudad grande, cosmopolita, con mucho ambiente y con mucha historia.   **5** Hay centros comerciales, hoteles, restaurantes, teatros, oficinas, rascacielos y muchos edificios.   **6** Es un barrio obrero.   **7** En el norte.   **8** La Casa Rosada, el Congreso Nacional, la catedral, la iglesia de San Ignacio, la basílica de Nuestra Señora del Pilar, el Teatro Colón.

Lección 10

Sección A *Actividades*

1 **1** Por favor, ¿Cuántos/Qué trenes hay para Valladolid?
2 ¿Qué tren es más rápido, el Talgo o el Tranvía?
3 ¿Cuál es más barato?
4 ¿A qué hora sale el Talgo?
5 ¿Y a qué hora llega a Valladolid?
6 Pues deme un billete para el Talgo, por favor.
7 No, de ida y vuelta.
8 El sábado por la tarde.
9 De segunda clase.
10 No fumador. ¿Cuánto es?

2 **1** las cuatro; las siete; tres
2 las tres menos cuarto; las tres y media
3 las siete y media; las ocho de la tarde
4 las once y diez de la noche
5 las tres menos cuarto de la tarde

3 **a** A 2   B 1   C 3
b **1** F   **2** F   **3** V   **4** F   **5** V   **6** F   **7** V
8 F   **9** F   **10** F   **11** V   **12** V   **13** F
14 V   **15** V

Sección A *Gramática*

1 **1** más   **2** más   **3** menos   **4** menos
5 menos   **6** tan   **7** más   **8** menos
9 menos   10 tan

2 Ejemplos:
El chico A es más gordo que el chico C.
El chico A es más alto que el chico B.
El chico C es más delgado que el Chico B.
El chico D es más delgado que el Chico A.
El chico B es más bajo que el chico D, etc.

3 **1** El pantalón B es más viejo que A, pero más nuevo/menos viejo que C. El pantalón A es el más nuevo.
2 La casa A es más grande que la casa B. La casa A es la más grande. La casa B es más pequeña que la casa A. La casa C es la más pequeña.
3 El anillo A es más caro que el anillo B. El anillo A es el más caro. El anillo C es el más barato.
4 El coche A es más rápido que el coche B. El coche A es el más rápido. El coche C es el más lento.
5 El libro A es más interesante que el libro B. El libro A es el más interesante. El libro C es el menos interesante/el más aburrido.
6 La película A es más emocionante que la película B. La película A es la más emocionante. La película C es la menos emocionante/la más aburrida.

Sección B *Actividades*

1 **Horizontal: 2** iré   **6** será   **7** jugarán   **8** hará
11 miraremos   **12** estaré
Vertical: 1 trabajaremos   **3** llegará   **4** verán
5 darán   **9** comeré   **10** pasará

2 Pedro irá a España de vacaciones durante quince días. Irá a la playa. Irá en avión, estará/se quedará/se alojará en un hotel. Alquilará un coche. Hará/Tomará muchas fotos. Tomará el sol en la playa, nadará en la piscina. Subirá a una montaña. Visitará monumentos. Bailará, comerá mucho y dormirá.

3 1 Llegaré; Iré; Llevaré; Estarás
 2 Llegaré; Viajaré; Estarás; viajarán
 3 Iré; Visitaré; pasaré; llegaré; volveré

Sección B *Gramática*

1 1 Escribiré una carta.
 2 Veré a mis amigos.
 3 La película empezará a las seis.
 4 ¿Volverás mañana?
 5 Juan se levantará muy tarde.
 6 ¿Desayunaréis en casa?
 7 Entraremos más tarde a clase.
 8 Me acostaré a las once.
 9 ¿Leerás este libro?
 10 La tienda cerrará a las ocho.
 11 Compraremos los bocadillos aquí.

2 1 ¿Cuándo subiréis a la montaña?
 2 ¿Cuándo llegarán?
 3 ¿Dónde estudiará Juan?
 4 ¿Cuándo terminaremos?
 5 ¿A dónde/Dónde irás?
 6 ¿Dónde cenarás?
 7 ¿Cuándo comeré (yo)?
 8 ¿A dónde/Dónde iréis de vacaciones?
 9 ¿Cuándo volverás?
 10 ¿Qué estudiaréis?

3 1 iré 2 Tomaré 3 llegaré 4 Iré 5 Subiré
 6 dejaré 7 visitaré 8 comeré 9 volveré
 10 dormiré 11 llamaré 12 Cenaré 13 iré
 14 Beberé 15 bailaré 16 viajaré
 17 quedaré 18 pasaré

Sección C *Actividades*

1 d, a, g, i, f, c, l, n, k, b, m, j, h, e

2 1 estarán 2 Habrá 3 conduciremos
 4 podremos 5 serán 6 Vendrá
 7 saldremos 8 Habrá 9 tendrán

3

	Amor	Trabajo/estudios	Familia	Salud	Vida social	Suerte
Aries		✔			✔	
Tauro	✔					
Géminis			✔			
Cáncer						✔
Leo		✔				
Virgo				✔		
Libra	✔					
Escorpio			✔			
Sagitario		✔				
Capricornio						✔
Acuario					✔	
Piscis				✔		

Sección C *Gramática*

1 1 harán 2 saldremos 3 podrás 4 tendréis
 5 querrá 6 haré 7 vendrán 8 saldrás
 9 tendrá 10 podremos 11 vendréis

2 1 ¿Vendrás mañana?
 2 ¿Saldréis mañana?
 3 ¿Harán el trabajo/Lo harán mañana?
 4 ¿Tendrá (usted) tiempo mañana?
 5 ¿Vendrás mañana?
 6 ¿Podrás ir a clase mañana?
 7 ¿Querréis estudiar mañana?
 8 ¿Tendrán (ustedes) los libros/Los tendrán mañana?
 9 ¿Vendrá mañana?

3 **a** Yo: Mañana me levantaré pronto, me ducharé y desayunaré café con leche y tostadas. Después saldré de casa y tomaré el autobús. Vendré a la oficina en autobús. Llegaré a las nueve y trabajaré toda la mañana. A mediodía comeré y compraré el periódico. Volveré a la oficina. No podré salir antes de las ocho porque habrá mucho trabajo y tendré que terminar todo antes del fin de semana. Por la noche leeré, veré la tele y me acostaré muy tarde.

b Él: se levantará; se duchará; desayunará; saldrá; tomará; vendrá; llegará; trabajará; comerá; comprará; volverá; podrá; tendrá; leerá; verá; se acostará

Vosotros: os levantaréis; os ducharéis; desayunaréis; saldréis; tomaréis vendréis; llegaréis; trabajaréis; comeréis; compraréis; volveréis; podréis; tendréis; leeréis; veréis; os acostaréis

Tú: te levantarás; te ducharás; desayunarás; saldrás; tomarás; vendrás; llegarás; trabajarás; comerás; comprarás; volverás; podrás; tendrás; leerás; verás; te acostarás

Nosotros: nos levantaremos; nos ducharemos; desayunaremos; saldremos; tomaremos vendremos; llegaremos; trabajaremos; comeremos; compraremos; volveremos; podremos; tendremos; leeremos; veremos; nos acostaremos

Repaso de toda la lección

2 **1** V   **2** V   **3** F   **4** F   **5** F   **6** V

3 Carta similar a ésta:

Querido amigo:

Mañana iré a España de vacaciones durante quince días. Iré a la playa. Iré en avión, y estaré/me quedaré/me alojaré en un hotel. Alquilaré un coche. Haré/Tomaré muchas fotos. Tomaré el sol en la playa, nadaré en la piscina. Subiré a una montaña. Visitaré monumentos. Bailaré, comeré mucho y dormiré.

Hasta pronto.

Lección 11

Secciones A y B *Actividades*

1 **1** A La Coruña   **2** C Barcelona
3 D Salamanca   **4** F Murcia   **5** B Bilbao
6 E Zaragoza   **7** G Valencia   **8** H Sevilla

2 **1** g   **2** h   **3** b   **4** a   **5** e   **6** d   **7** c   **8** f

3 **1** c   **2** b   **3** b   **4** a   **5** a   **6** a   **7** b   **8** b
9 b   **10** c

Secciones A y B *Gramática*

1 **1** Hoy lunes hace calor.   **2** Hoy martes hace sol y hay nubes.   **3** Hoy miércoles llueve y hay tormenta.   **4** Hoy jueves hace frío y nieva en las montañas.   **5** Hoy viernes hay niebla en las montañas y hace frío.   **6** Hoy sábado hace sol y calor.   **7** Hoy domingo hace sol y hace viento.

2 **1** Sí, hace mucho calor.   **2** Sí, hace mucho viento.   **3** Sí, hay mucha niebla.
4 Sí, hace frío.   **5** Sí, hace mucho sol.
6 Sí, hace buen tiempo.   **7** Sí, nieva mucho/hay mucha nieve.   **8** Sí, llueve mucho/hay mucha lluvia.   **9** Sí, hace mal tiempo.   **10** Sí, hay muchas nubes.
11 Sí, hay una tormenta muy grande.

3 **1** ¿Qué tiempo hace hoy?
2 ¿Llueve mucho?   **3** ¿Hace mal tiempo?
4 ¿Qué tiempo hace en primavera?
5 ¿Hace viento en otoño?
6 ¿Hay nubes?   **7** ¿Qué tiempo hará mañana?
8 ¿Hay mucha nieve?

Sección C *Actividades*

1 **1** Dígame; Sí, soy yo. ¿Quién es?
2 Dígame; No, no está. ¿Quiere dejar un recado?
3 Dígame; Lo siento, no es aquí.
4 Dígame; Sí, un momento que ahora se pone.

2 **1** Ana, tienes un mensaje de Raúl, de las once de la mañana; pregunta si quieres ir con él al cine el domingo próximo. Te esperará en la cafetería Rosas a las 6.30.

2 Ana, tienes un mensaje de Pablo, de las tres de la tarde; dice que mañana por la noche no podrá ir contigo/será imposible ir contigo al teatro porque su madre está enferma en (la) cama.

3 Ana, tienes un mensaje de Anabel, de las cinco y media de la tarde. Te invita a su cumpleaños el sábado. Cenarás/Cenaréis en su casa a las 8.30 y habrá/tendrá/dará una fiesta a las 11 de la noche.

3 **1** d   **2** e   **3** b   **4** h   **5** a   **6** c   **7** g   **8** k
9 f   **10** j   **11** i

Sección C *Gramática*

1 **1** está   **2** soy   **3** es   **4** Está   **5** eres
6 estamos; estamos   **7** Está; soy   **8** Es; soy

2 **1** llamaré   **2** vendrá   **3** llamará   **4** Vendrás
5 volverá   **6** volverás   **7** estarán   **8** podrás

3 **1** Me he equivocado de número.
2 Hola, soy Pedro, ¿qué tal?
3 Espera un momento, ahora se pone.
4 Sí soy yo, ¿quién es?
5 Soy Pepe, llamaré más tarde.
6 ¿Puedo dejarle un recado?
7 Lo siento, no es aquí.

Sección D *Actividades*

1 **1** g   **2** j   **3** d   **4** c   **5** b   **6** a   **7** h   **8** i
9 f   **10** e

2 **1** Aquí Alfonso está nadando en el mar.
2 Aquí Alfonso está nadando en la piscina.
3 Aquí Alfonso está jugando al fútbol.
4 Aquí Alfonso está tomando el sol en la playa.
5 Aquí Alfonso está bailando en la discoteca.
6 Aquí Alfonso está escribiendo una postal.
7 Aquí Alfonso está comiendo un bocadillo/sandwich.
8 Aquí Alfonso está paseando por/en la playa.
9 Aquí Alfonso está visitando un monumento.

3 **1** estoy preparando   **2** estoy mandando
3 estoy terminando   **4** estoy escribiendo
5 estoy buscando   **6** estoy llamando
7 estoy reservando   **8** estoy organizando
9 estoy haciendo

Sección D *Gramática*

1 **1** estáis haciendo   **2** está preparando
3 estoy cenando   **4** están durmiendo
5 estamos leyendo   **6** están viviendo
7 está limpiando   **8** estoy estudiando

2 **a** **1** está bañándose   **2** está duchándose
3 están vistiéndose   **4** está lavándose
5 estoy acostándome
6 estamos peinándonos
7 estoy levantándome
b **1** se está bañando   **2** se está duchando
3 se están vistiendo   **4** se está lavando
5 me estoy acostando
6 nos estamos peinando
7 me estoy levantando

3 **a** **1** Sí, estoy escribiéndola.   **2** Sí, estoy comprándolo.   **3** Sí, estoy haciéndolas.
4 Sí, estoy bebiéndola.   **5** Sí, estoy viéndolo.
6 Sí, estoy comiéndola.   **7** Sí, estoy buscándolos.   **8** Sí, está escribiéndolo.
9 Sí, estoy leyéndolas.
b **1** Sí, la estoy escribiendo.   **2** Sí, lo estoy comprando.   **3** Sí, las estoy haciendo.
4 Sí, la estoy bebiendo.   **5** Sí, lo estoy viendo.   **6** Sí, la estoy comiendo.
7 Sí, los estoy buscando.   **8** Sí, lo está escribiendo.   **9** Sí, las estoy leyendo.

Repaso de toda la lección

2 **1** b   **2** a   **3** c   **4** a   **5** c   **6** a   **7** b   **8** a
9 a   **10** b

3 Carta: similar a la siguiente.
Querido amigo:
¿Qué tal? Aquí estamos muy bien. Hace un tiempo muy bueno, por las mañanas hace sol, pero por las tardes hay nubes y por las noches hay tormentas. Nos levantamos pronto y vamos a la piscina. (A veces) subimos a la montaña y comemos en el campo. Vemos monumentos y hablamos con la gente del pueblo. (También) salimos con amigos y bebemos sangría en el bar. (Generalmente) nos acostamos pronto.
Te mando unas fotos de las vacaciones:
Aquí Ana y yo estamos comiendo en un restaurante (muy bueno del pueblo).

Aquí estamos paseando por/en la plaza.
Aquí estamos bebiendo agua en la fuente.
Aquí estamos visitando una iglesia (la iglesia del pueblo).
Aquí estamos haciendo una excursión a las montañas y aquí estamos haciendo fotos.
Aquí estamos llamando por teléfono.

Lección 12

Sección A *Actividades*

1 f, c, b, e, i, n, m, a, g, o, l, j, k, d, h, p

2 a

D	P	L	S	V	M	B
J	L	B	A	I	L	E
K	S	O	L	R	I	B
E	A	Q	I	F	U	I
W	F	C	C	U	J	S
I	C	O	M	I	H	A
O	L	M	B	J	G	F
F	U	I	A	F	D	G

b 1 Fui al teatro.   2 Comí en el restaurante.
3 Bailé en la discoteca.   4 Bebí vino.
5 Comí pescado.   6 Fui al cine.
7 Vi una película.   8 Salí con unos amigos.

3 Me levanté a las diez. A las diez y media desayuné. Jugué al tenis a las once y media. A las dos y media comí en casa. A las cuatro de la tarde tomé café con María. Fui de compras a las seis. A las nueve cené en el restaurante. A las once fui al cine y vi una película cómica. Fui a la discoteca a las dos de la mañana/madrugada. Me acosté a las siete de la mañana.

Sección A *Gramática*

1 Yo: fui, bailé, compré, comí
Tú: saliste, te levantaste, te acostaste
Él/Ella: bebió, hizo, fue, vio, salió

2 a Fuiste; fui; vi   b Terminaste; terminé   c Comió; comí; comió   d Saliste; salí   e volviste; Volví   f bebió; bebió

3 1 Ayer terminé el trabajo.
2 El sábado pasado fui al cine.   3 Anoche salí.
4 El fin de semana pasado compré ropa.
5 ¿Qué hiciste ayer?   6 ¿Dónde fuiste ayer?
7 Anoche también salió.   8 Anoche bailó en la discoteca.   9 ¿Viste una película ayer?
10 Ayer también hice mis deberes.
11 Ayer cené muy tarde también.

Sección B *Actividades*

1 1 b   2 a   3 d   4 e   5 c

2 El verano pasado Juan fue a Málaga de vacaciones. Estuvo en casa de una familia española, por eso habló mucho. Pasó un mes y medio allí, fue a la playa, tomó el sol, nadó en la piscina que tiene la familia, hizo muchas excursiones y visitó los monumentos más importantes de la zona. También estudió español en una escuela, pero no mucho.

3 1 bailamos   2 comieron   3 visitaron
4 Salisteis   5 compramos   6 preparamos
7 jugaron   8 jugamos   9 estudiamos
10 bailaron

Sección B *Gramática*

1 1 Nosotros comimos en el restaurante.
2 Juan y sus amigos bailaron mucho en la discoteca.
3 Nosotros hicimos nuestros deberes.
4 ¿Vosotros estuvisteis en Madrid?
5 ¿Qué hicieron María y sus amigas?
6 ¿(Vosotros) estudiasteis ciencias en la universidad?
7 Las cenas fueron buenas.
8 Mis padres estuvieron enfermos.

2 **a** Yo fui a Málaga de vacaciones el verano pasado. Estuve en casa de una familia española, por eso hablé mucho. Pasé un mes y medio allí, fui a la playa, tomé el sol, nadé en la piscina que tiene la familia, hice muchas excursiones y visité los monumentos más importantes de la zona. También estudié español en una escuela, pero no mucho.

b Mi hermana y yo fuimos a Málaga de vacaciones el verano pasado. Estuvimos en casa de una familia española, por eso hablamos mucho. Pasamos un mes y medio allí, fuimos a la playa, tomamos el sol, nadamos en la piscina que tiene la familia, hicimos muchas excursiones y visitamos los monumentos más importantes de la zona. También estudiamos español en una escuela pero no mucho.

3 **a** 1 ¿Bailaste anoche?   2 ¿Fuiste al cine anoche?   3 ¿Estuviste en casa con Juan?   4 ¿Compraste carne y verdura?   5 ¿Comiste en el restaurante?   6 ¿Saliste con Ana?   7 ¿Qué hiciste anoche?

b 1 ¿Bailasteis anoche? Sí, bailamos toda la noche.   2 ¿Fuisteis al cine anoche? No. No fuimos al cine.   3 ¿Estuvisteis en casa con Juan? Sí. Estuvimos en casa con Juan.   4 ¿Comprasteis carne y verdura? Sí. Compramos carne y verdura.   5 ¿Comisteis en el restaurante? Sí. Comimos en el restaurante.   6 ¿Salisteis con Ana? No. No salimos con Ana.   7 ¿Qué hicisteis anoche? Anoche fuimos al centro

Secciones C y D *Actividades*

1 Usa esta estructura.
Me llamo . . . nací en . . . el día . . . Viví en . . . Ahora vivo en . . . Fui a la escuela en . . . Estudié . . . en . . Ahora estudio . . . en . . . Trabajé como . . . en . . . Ahora trabajo como . . . en . . . Estoy soltero/a, casado/a, viudo/a, divorciado/a. Me casé. Tuve mi primer hijo en . . . Tengo un hermano . . . Mi hermano nació en . . . Me divorcié en . . . Compré mi piso en . . . Cambié de trabajo en . . .

2 1 El hombre llegó a la luna en 1969.
2 La primera guerra mundial empezó en 1914.
3 Los Juegos Olímpicos de Barcelona tuvieron lugar en 1992.
4 La Copa del Mundo de fútbol en España fue en 1982.
5 La dictadura española de Franco duró 40 años.
6 Picasso pintó el famoso cuadro de *Guernica*.
7 El rey del rock 'n' roll fue Elvis Presley.
8 Marilyn Monroe hizo películas.

3 **a**
Luis Buñuel
1900   Nace en Aragón, España.
1929   Hace su primera película con Dalí en Francia.
1947   Vive en Estados Unidos y va a México. Hace muchas películas.
1983   Muere en México.

Isabel Allende
1942   Nace en Lima, Perú, de una familia chilena diplomática.
1973   Golpe militar en Chile: abandona Chile.
1982   Escribe su primera novela *La casa de los espíritus*.
1988   Vuelve a Chile después de la dictadura.

Celia Cruz
1925   Nace en La Habana, Cuba.
1950   Empieza a cantar con la Orquesta Matancera.
1959   Va a México con la Orquesta Matancera.
1961   Se casa con el trompeta Pedro Knight y vive en Estados Unidos. Se llama la Reina de la Salsa.

Evita
1919   Nace en Los Toldos, Argentina.
1944   Actriz de radionovelas: conoce al político Juan Perón.
1945   Se casa con Juan Perón.
1952   Muere muy joven en Buenos Aires.

b Luis Buñuel nació en Aragón, España, en 1900. En 1929 hizo su primera película con Dalí en Francia. En 1947 vivió en Estados Unidos y fue a México. Hizo muchas películas. Murió en México en 1983.

Isabel Allende nació en Lima, Perú, de una familia chilena diplomática, en 1942. En 1973 tuvo lugar el golpe militar en Chile y abandonó Chile. En 1982 escribió su primera novela *La casa de los espíritus*. Volvió a Chile después de la dictadura, en 1988.

Celia Cruz nació en La Habana, Cuba, en 1925 y en 1950 empezó a cantar con la Orquesta Matancera. En 1959 fue a México con la Orquesta Matancera y en 1961 se casó con el trompeta Pedro Knight y vivió en Estados Unidos. Se llama/Se llamó la Reina de la Salsa.

Evita nació en Los Toldos, Argentina, en 1919. En 1944 fue/era actriz de radionovelas y conoció al político Juan Perón. Se casó con él en 1945. Murió muy joven en Buenos Aires en 1952.

Secciones C y D *Gramática*

1 1 Nací en Madrid.
2 Estudié la primaria en el Colegio Miraflores.
3 Mi madre nació en Valencia.
4 Hice el servicio militar en 1990.
5 Salí con María durante cuatro años.
6 Dejaste el libro en la mesa.
7 En 1995 viví en Barcelona.
8 En el restaurante comí pescado.
9 Mi padre trabajó en una fábrica.
10 Escribí el libro el año pasado.

2 1 Mis padres vivieron en Inglaterra.
2 Mis hermanos trabajaron como mecánicos.
3 Sus amigos no hicieron todos los deberes.
4 Mis padres comieron queso.
5 Sus hermanos escribieron artículos de revistas.
6 Vosotros bailasteis poco.
7 Ellos fueron a Estados Unidos.
8 Vosotros estuvisteis en el cine.

3 1 nació 2 fue 3 fue 4 estudió 5 fueron 6 terminó 7 buscó 8 encontró 9 fue 10 empezó 11 conoció 12 Salieron 13 Decidieron 14 llamó 15 vinieron

Repaso de toda la lección

2

	Día 1	Día 2	Día 3	Día 4	Día 5	Día 6
Visita con guía				✔	✔	
Viajar por la mañana	✔				✔	✔
Ver monumentos	✔			✔		
Nadar			✔			
Visita libre ciudad		✔	✔	✔	✔	
Viaje en autobús	✔	✔	✔		✔	✔
Comer en el viaje						✔
Tiendas				✔		
Música/baile español		✔				

Lección 13

Secciones A y B *Actividades*

1 1 mano   2 espalda   3 cabeza   4 pie
5 pierna   6 ojo   7 oído/oreja   8 rodilla
9 garganta   10 brazo

2 1 g   2 h   3 e   4 i   5 a   6 d   7 c   8 f
9 j   10 b

3 1 d   2 c   3 e   4 i   5 g   6 b   7 f   8 h
9 j   10 a

Secciones A y B *Gramática*

1 1 Me duele la cabeza.   2 Le duele la pierna.
3 Nos duelen las piernas.   4 Les duele el
estómago.   5 Me duelen los pies.
6 Me duelen las muelas.   7 Le duele la
garganta.   8 Nos duele la espalda.

2 1 te; Me   2 te; me   3 le; le; se
4 Te; me; me   5 se; se   6 les; se; les

3 1 tienes   2 ¿Por qué no . . . ?   3 Tienes
4 debes   5 hay   6 ¿por qué no . . . ?
7 hay   8 tiene   9 debes
10 ¿por qué no . . . ?

Secciones B y C *Actividades*

1 1 Ha ido al pueblo.   2 Ha hecho muchos
amigos.   3 No ha montado a caballo.
4 Ha ido a la playa.   5 No ha comprado
regalos.   6 Ha ido de excursión.   7 No ha
visto el museo.   8 Ha comido en el
restaurante Lorenzo.   9 No ha visitado la
ciudad.   10 Ha bailado en la discoteca Loca.

2

A	H	N	G	H	L	I	O	P	C
S	M	G	P	E	R	D	I	D	O
F	R	A	G	C	W	E	D	Z	M
T	B	O	P	H	F	X	O	N	P
I	P	Q	R	O	B	A	D	O	R
S	A	L	I	D	O	M	J	Y	A
K	S	R	S	J	C	D	Q	K	D
U	A	D	C	T	E	N	I	D	O
E	D	O	S	U	F	R	I	D	O	B
H	O	E	S	T	A	D	O	V	L

3 a 1 dicho   2 casado   3 tenido   4 terminado
5 aprobado   6 encontrado   7 conocido
8 comprado   9 ganado   10 ido
11 estudiado   12 escrito   13 vendido
14 empezado   15 tenido   16 podido
17 hecho
b 1 F   2 F   3 V   4 V   5 F   6 F   7 F
8 F   9 V   10 V

Secciones B y C *Gramática*

1 1 ha tenido   2 he podido
3 hemos encontrado   4 Has leído
5 han terminado   6 ha ganado   7 he comido
8 ha bebido   9 has salido   10 han llegado

2 1 Fernando ha venido pronto esta mañana.
2 ¿Qué te ha pasado en el trabajo?
3 He hablado mucho con mi amigo.
4 No he podido terminar mi trabajo
completamente.
5 Mis padres casi han terminado sus
vacaciones.
6 ¿Has salido de casa tarde?
7 ¿Han visitado ustedes la ciudad alguna vez?
8 Siempre he trabajado en la misma profesión.

3 1 ¿A qué hora te has levantado?
2 ¿Dónde/A dónde has ido?
3 ¿A qué hora os habéis acostado?
4 ¿Has visto la película?
5 ¿Has hecho los deberes?
6 ¿Para qué te has vestido (así)?/¿Qué has
hecho?
7 ¿Ha vuelto José de la oficina?
8 ¿Dónde os habéis bañado?/¿Qué habéis
hecho?
9 ¿Has escrito la carta a Teresa?
10 ¿Ha roto el vaso María?
11 ¿Cuándo se ha duchado el niño?

Secciones D y E *Actividades*

1 Ejemplos (hay otras combinaciones)
1 g/un bolso de piel   2 k/un espejo redondo
3 b/un jersey de lana   4 e/una llave de metal
5 a/un vestido estampado
6 h/unas gafas de plástico
7 j/una camisa de rayas
8 l/un pañuelo de seda

9 d/una mesa de madera
10 i/un anillo de plata   11 c/un abrigo liso
12 f/un reloj de oro

2 1 una llave   2 un cuchillo   3 un vaso
4 un pañuelo   5 una pelota   6 un sillón
7 un coche   8 un periódico

3 1 robado   2 estación   3 ocurrido   4 ido
5 revistas   6 dejado   7 lado   8 cogido
9 sido   10 hora   11 menos   12 visto
13 cogido   14 sé   15 nada   16 Cómo
17 tela   18 listas   19 dentro   20 doscientos
21 cámara   22 conducir   23 mis   24 de
25 mi   26 joyas

Secciones D y E *Gramática*

1 1 nuestra   2 su   3 vuestros   4 nuestro
5 mi   6 sus   7 nuestro   8 sus   9 nuestra
10 vuestras   11 su

2 1 Sí, lo he leído.   2 No, no la he encontrado.
3 Sí, las ha perdido.   4 Sí, lo han comprado.
5 No, no la hemos visto.   6 Sí, los he hecho.
7 No, no las hemos escrito.
8 Sí, los has dejado.   9 Sí, lo han vendido.

3 1 El jersey de Juan es de lana.
2 Éste es mi libro de ejercicios de español.
3 Éste es el anillo de oro de Carlos.
4 Las gafas de mi padre son de metal.
5 ¿Has lavado la camisa de rayas de tu padre?
6 Tengo una blusa de seda de color azul.
7 Mi hermana tiene el reloj de oro de mi madre.
8 He perdido el bolso de piel de mi madre

Repaso de toda la lección

2 1 b, e, f   2 b   3 a   4 a, e   5 g   6 b, g
7 a, c, d, e, h   8 e   9 h   10 d

3 Querida amiga:
¡Cuánto tiempo sin tener noticias tuyas! ¿Cómo estás? Yo estoy bien. En los últimos años mi vida ha cambiado mucho, han pasado muchas cosas. He estudiado español y he vivido en México. He conocido a un(a) mexicano/a y me he casado. Tenemos/Hemos tenido tres hijos.

He conseguido un trabajo excelente y he hecho muchos viajes de negocios por Latinoamérica. He vuelto a España varias veces a visitar a la familia. Hemos comprado un apartamento en la playa. He tenido un accidente de tráfico recientemente y ha pasado ocho semanas en el hospital.
Hasta pronto. Un abrazo.

Lección 14

Sección A *Más actividades*

1

Escribir	Jugar al tenis	Comer
ordenador	pista	restaurante
bolígrafo	raqueta	cocinar
papel	zapatillas	carne
cartas	pantalón corto	pescado

Ir al cine	Pasear
película	parque
sesión	ciudad
entrada	árboles
terror	flores

Tus frases son similares a estas:
Escribir: Me encanta escribir cartas, escribo con/en el ordenador. A veces escribo cartas en papel, con un bolígrafo.
Jugar al tenis: Me gusta jugar al tenis, juego en una pista, con una raqueta, llevo pantalón corto y zapatillas.
Comer: Me gusta comer en un restaurante y también me gusta cocinar. Como carne y pescado.
Ir al cine: Me encanta ir al cine y veo películas de terror. Compro una entrada para la sesión de las siete.
Pasear: Me gusta mucho pasear por el parque de mi ciudad, hay muchos árboles y flores.

2 1 c   2 b   3 c   4 b   5 a   6 c   7 b   8 b

3 1 c   2 a   3 b   4 c   5 b   6 c   7 b   8 b

4 **Horizontal:** 4 conduciendo   5 nieve
7 hacen   9 pone   10 sol   11 dígame
Vertical: 1 preparando   2 lloviendo
3 comiendo   6 es   8 hace   10 sed

5 1 hiciste 2 levanté 3 fui 4 comiste
5 Comí 6 hizo 7 vino 8 estuvo 9 fuiste
10 fui 11 Comí 12 bebí 13 Hiciste
14 vimos 15 jugamos 16 leímos
17 estuvo 18 Fue

6

```
A  G  O  K  F  J  P  E  I  R  C  N
F  C  O  M  I  D  O  O  M  E  M  D
P  A  S  A  D  O  H  A  G  E  R  L
E  T  P  L  A  S  T  I  C  O  B  B
C  A  B  E  Z  A  S  G  L  N  N  C
H  R  D  Q  H  P  I  A  Q  D  J  K
W  R  E  C  E  T  A  R  D  A  Y  T
P  O  V  H  C  C  R  G  R  I  P  E
U  G  V  O  W  Q  A  V  U  E  N  I
K  T  S  L  O  X  T  N  M  N  W  D
B  A  X  C  Z  I  J  T  T  F  X  I
S  Z  U  Y  P  O  M  A  D  A  R  O
```

1 comido 2 redonda 3 pasado 4 cabeza
5 garganta 6 pomada 7 tenido 8 hecho
9 recetar 10 gripe 11 catarro 12 plástico

Sección B *Más gramática*

1 1 está 2 Es 3 es 4 es 5 encanta/gusta
6 tiene 7 son 8 gustan/encantan 9 tiene
10 son 11 hay 12 están 13 gusta/encanta
14 son 15 hay 16 son 17 son 18 hay
19 gusta

2 1 vas; voy/puedo; estoy 2 Vais; podemos;
estamos 3 Va; puede; está 4 Vas; puedo;
está 5 Van; pueden; están 6 Vais;
podemos; estoy

3 1 Vendrás 2 iré 3 compraré 4 saldrás
5 Saldré 6 estarás 7 Estaré 8 harás
9 descansaré 10 bañaré 11 tomaré
12 alquilaré 13 viajaré 14 Subiré
15 comeré 16 serán

4 1 Está 2 soy 3 es 4 Soy 5 estás
6 Estoy 7 Hace 8 hace 9 llueve/nieva
10 hace 11 están 12 tomando
13 trabajando 14 Estoy

5 1 ¿Cuándo naciste? (nació usted)
2 ¿Fuiste a clase ayer? (fue)
3 ¿Cuándo nació tu hermano? (nació su)
4 ¿Cuándo estudiaste?/¿Estudiaste el fin de semana? (estudió)
5 ¿Dónde/A dónde fuiste de vacaciones?/¿Por qué fuiste a Mallorca? (fue)
6 ¿Cuánto (tiempo) bailasteis?/¿Qué hicisteis? (bailó/hizo)
7 ¿Qué película visteis? (vio)
8 ¿Cuándo llegaron tus padres?/¿Quién llegó ayer? (llegaron sus)
9 ¿Cuándo vino tu hermano?/¿Quién vino la semana pasada? (vino su)
10 ¿Cuándo se casaron Luis y Ana?/¿Quiénes se casaron el año pasado?
11 ¿Qué hicisteis anoche?/¿Dónde/A dónde fuisteis anoche? (hicieron/fueron)
12 ¿Tuviste el examen ayer?/¿Tuvo usted el examen ayer? (tuvo)

6 1 te/le; me 2 le; le 3 os; nos 4 les; les
5 te/le; me

Sección C *Test*

Sugerencias
1 Me gusta: el deporte, la fruta, etc.
  Me gustan: los gatos, las naranjas, etc.
2 No me gusta: el queso, el invierno, etc.
  No me gustan: los ruidos, los perros, etc.
3 Me gusta: leer, escuchar música, ir al cine, bailar, etc.
4 Es bonita, grande, pequeña, interesante, etc.
5 Nosotros vamos al cine, salimos, compramos, bailamos, comemos, cenamos, hablamos, etc.
6 Fútbol, tenis, baloncesto, gimnasia, ciclismo, montañismo, esquí, natación, atletismo, buceo, etc.
7 Estoy enfermo/a, resfriado/a, cansado/a, contento/a, triste, etc.
8 Claro, vale, de acuerdo, estupendo, me gustaría (mucho), etc.
9 No, lo siento, no puedo, gracias, etc.
10 ¿Quieres . . . ?/¿Por qué no . . . ?/
  ¿Te gustaría . . . ?/¿Te apetece . . . ?
11 Voy a comprar, vas a ir, va a salir, vamos a comer, vais a ver, van a desayunar, etc.

12 Del oeste, de ciencia ficción, de dibujos animados, de terror, romántica, comedia, policiaca, etc.

13 Tren, autobús, bicicleta, metro, taxi, barco, avión, coche, etc.

14 Billete, estación, plano, ida solamente, ida y vuelta, segunda clase, no fumadores, reserva, asiento, etc.

15 Iré, compraré, volveré, viajaré, visitaré, estudiaré, trabajaré, vendré, tendré, saldré, etc.

16 Llueve, nieva, hace frío, hace sol, hace calor, hace viento, hace/hay niebla, hay nubes, hay tormenta, etc.

17 Dígame, sí, soy yo, no está, un momento, ahora se pone, no es aquí, número equivocado, quiero dejar un recado, etc.

18 Estoy estudiando, estoy escribiendo, estoy trabajando, estoy cenando, estoy duchándome, estoy nadando, estoy tomando el sol, estoy leyendo, etc.

19 Me levanté, desayuné, me vestí, me duché, salí, llegué, entré, compré, tomé el autobús, trabajé, leí, vi la televisión, etc.

20 Nací, viví, fui a la escuela/universidad, empecé a trabajar, trabajé, me casé, me divorcié, tuve un hijo, me cambié de casa, conocí a . . . , me jubilé, etc.

21 Nació, vivió, estudió, se casó, tuvo, empezó, se cambió de casa, se jubiló, etc.

22 Nariz, boca, manos, brazos, piernas, cabeza, ojos, dedos, pies, espalda, pecho, garganta, orejas/oídos, rodillas, estómago, etc.

23 Me duele la garganta, me duele la cabeza, tengo fiebre, tengo tos, me duele el pecho, etc.

24 a Tienes que comer menos/Debes hacer régimen.
b Debes trabajar menos/Tienes que tomar unas vacaciones.
c Tienes que quedarte/estar en la cama unos días/Debes ir al médico.
d ¿Por qué no tomas una aspirina?/¿Por qué no te acuestas?/¿Por qué no te quedas en la cama?/Debes ir al médico.

25 Me he levantado, he desayunado, he ido a trabajar, he salido a la cafetería, he tomado un café, he vuelto a casa.

26 a un bolso grande, de color rojo, de tela, liso
b unas gafas de sol, grandes, redondas, de plástico, de color amarillo
c un pañuelo de seda, verde, pequeño, alargado, estampado, de flores
d un anillo de oro, de tamaño mediano, con una perla

Orders: please contact Bookpoi
Fax: (44) 01235 400454. Lines
service.
You can also order through ou

British Library Cataloguing in P
A catalogue record for this title

ISBN 0 340 78293 5

First published 2001
Impression number   10 9 8 7 6
Year   2006 2005 2004 2003

Copyright © 2001 Rosa María Martín and Martyn Ellis

Cover illustration by Andrew Bylo. Illustrations by Curtis T
Typeset by Multiplex Techniques Ltd.
Printed in Great Britain for Hodder & Stoughton Educatio
by J. W. Arrowsmith Ltd., Bristol.